Valentin Zsifkovits
POLITIK OHNE MORAL?

Valentin Zsifkovits

POLITIK OHNE MORAL?

Soziale Perspektiven

VERITAS

Reihe: SOZIALE PERSPEKTIVEN
Herausgeber: Valentin Zsifkovits
Otto Kimminich
Alfred Klose
Redaktion: Valentin Zsifkovits, Leopold Neuhold

Bd. 1: Valentin Zsifkovits, Ethik des Friedens
Bd. 2: Otto Kimminich, Umweltschutz – Prüfstein der Rechtsstaatlichkeit
Bd. 3: Alfred Klose, Unternehmerethik
Bd. 4: Leopold Neuhold, Wertwandel und Christentum
Bd. 5: Karl Lenz, Jugendliche heute

In Vorbereitung:
Bd. 7: Gerhard Kleinhenz, Sozialstaat – historischer Irrtum oder Ordnungsmodell mit Zukunft?
Bd. 8: Robert Hettlage, Familie – Lebensmodell im Umbruch?

Gedruckt in Österreich; 1. Auflage / 1989.
Gesamtherstellung: LANDESVERLAG Druck Ried.

ISBN 3-85329-773-0

Inhalt

Vorwort

"Der große Überdruß mit der Politik" und "Politiker- und Parteien-Verdrossenheit wächst in Ost und West" - das sind zwei Überschriften auf einer Seite der Tageszeitung "Die Presse"[1], wo diese Zeitung ein allgemein bekanntes und viel diskutiertes Thema behandelt. Zwar sind Politiker- und Parteienverdrossenheit dabei nicht gleichzusetzen mit Politikverdrossenheit im allgemeinen oder gar Demokratieverdrossenheit im besonderen, unproblematisch und ohne Einfluß auf die letztgenannten Phänomene sind sie aber keineswegs. Wachsendes Unbehagen an der Politik und zunehmende Politiker- und Parteienverdrossenheit nähren die Versuchungen zu den so problematischen Reaktionen der Resignation oder des Fanatismus in der Politik. Was aber im Interesse der Menschen und ihres Wohlergehens in bezug auf die Politik nötig ist, das sind vor allem: von natürlicher und gläubiger Vernunft geleitetes und ausdauerndes Interesse an der Politik; der Mut und die Bereitschaft, den Weg der kleinen, entschiedenen und geduldigen Schritte zu gehen und schließlich die Bereitschaft und die Fähigkeit, die Spannung zwischen Ideal und Wirklichkeit in der Politik fruchtbar und konstruktiv zu gestalten. Diesem Anliegen will das vorliegende Buch dienen.

An dieser Stelle möchte ich zunächst all jenen Freunden und Bekannten danken, die das Manuskript dieses Buches gelesen und mir wertvolle Hinweise gegeben haben. Besonders danken möchte ich meinem Assistenten, Dr. Leopold Neuhold, und meiner Sekretärin, Frau Elfriede Bauer, für die Mitarbeit an den Korrekturen, für die Anfertigung des Sach- und Personenregisters und für die technische Herstellung des Manuskripts.

Graz, im April 1989 Valentin Zsifkovits

I. Einleitung

1. Hinführung zum Thema

Wer sich von diesem Buch eine "Beschimpfung" der Politiker erwartet, der wird enttäuscht sein. Wenn und insofern die kritischen Ausführungen in diesem Buch in einem gewissen Sinn des Wortes als "Beschimpfungen" aufgefaßt werden sollten, dann als Beschimpfungen nicht nur der Politiker, sondern auch der Normalbürger einschließlich des Autors dieser Zeilen, weil zumindest in Demokratien, in denen echte Freiheit besteht, in etwa der Satz gilt, daß das Volk jene Politiker hat, die es verdient. In diesem Zusammenhang muß gleich zu Beginn im Interesse der Moral in der Politik vor einer *Heuchelei* gewarnt werden, welche die Politiker als machtbesessen, bösartig, ja geradezu satanisch bezeichnet[2], sich selbst aber als rein und gerecht darstellt, ohne sich die Frage zu stellen, wie man selbst in entsprechenden Positionen, Belastungs- und Engpaßsituationen agieren und reagieren würde. Dazu kommt noch, daß der Bürger manches, was er bei anderen als unmoralisch verurteilt, sehr wohl selbst akzeptiert und praktiziert, wenn es ihm zum Vorteil gereicht, wie z.B. die "Freunderlwirtschaft". In bezug auf diese schreibt P. M. *Plechl* in einem Kommentar zu einer IMAS-Umfrage, wonach 73% der Österreicher für "Sauberkeit in der Politik und gegen Freunderlwirtschaft" eintreten, mit Recht: Man wird fragen müssen, "ob da wirklich nur die Regierung zuständig ist. Natürlich ist sie betroffen, hat sich doch in ihren Reihen diesbezüglich genügend Schlimmes zugetragen. Nur: Wieviele Menschen in diesem Land profitieren ihrerseits von Beziehungen, von jenem 'Vitamin B', das als selbstverständliche Gegebenheit gilt?"[3] Und an einer späteren Stelle formuliert sie allgemeiner: "Denn wie der Friede im eigenen Haus beginnt, so gibt es auch kleine eigene saure Wiesen, bei denen die Trockenlegung beginnen muß."[4] Das vorliegende Buch will auch keine Nacherzählung politischer *Skandale* sein, keine "chronique scandaleuse politique". Denn solche erlebt der

Bürger zur Genüge in seiner näheren oder entfernteren Umgebung, die Massenmedien berichten laufend darüber, es gibt auch genügend Bücher, die dieses Thema behandeln, wobei manche davon zu Bestsellern geworden sind wie z.B. das von H. *Pretterebner* mit dem Titel "Der Fall Lucona".[5] Auch auf eine nur beispielhaft angeführte Einzeldarstellung politischer Skandale wird in den folgenden Ausführungen verzichtet, und zwar vor allem deshalb, weil die Auswahl solcher Beispiele in gewisser Weise notgedrungen willkürlich wäre und dadurch gegen Objektivität und Überparteilichkeit verstoßen würde. Das vorliegende Buch will vielmehr das Anliegen und die Problematik von Politik und Moral etwas tiefer anfassen.

Mit all dem bisher Ausgeführten will selbstverständlich nicht gesagt sein, daß an jene, die als Politiker über Schicksale von Menschen, ja über das Wohl und Unheil von Völkern entscheiden, nicht *besondere Anforderungen* zu stellen sind. Sie bestimmen ja etwa entscheidend die für die Bürger geltenden Gesetze, sie stellen die Weichen, oder sie bürden der kommenden Generation schwerwiegende Folgekosten auf.

Solche besonderen Anforderungen werden in der Tat immer wieder an die Politiker gestellt, und dabei schneiden die Politik und die Politiker nicht gerade gut ab. Um nur einige Daten der empirischen Sozialforschung anzuführen:

Nach einer IMAS-Umfrage[6] (9.-29.Oktober 1986 N= 1600) erwarten 65% der befragten Österreicher, daß die kommende Regierung "für mehr Sauberkeit in der Politik" sorgt. Damit steht diese Erwartung nur hinter der Forderung "Die Arbeitslosigkeit bekämpfen!" (70%).

Nach einer Umfrage der sozialwissenschaftlichen Studiengesellschaft[7] (Jänner 1985 N= 1905) stimmten 56% der befragten Österreicher der Forderung zu: "Andere Leute ins Parlament, die die wahren Anliegen vertreten".

Im April 1986 antworteten auf die Frage: "Wenn Sie an die 70er Jahre zurückdenken, hat es da mehr, weniger oder gleich viele Skandale gegeben?" 49% mit "weniger", nur 4% antworteten mit "mehr", 28% mit "gleich viele".[8]

Auf Feststellungen wie: "Politiker sprechen oft die Unwahrheit, vor allem in Wahlzeiten" antworteten 1980 74% der 14- bis 24jährigen Österreicher mit Zustimmung, 1984 waren es bereits 88%; "Politiker denken in erster Linie an den eigenen Vorteil": diesem Satz stimmten 1980 55% zu, 1984 waren es 72%; "Politiker sind korrupt und bestechlich": 1980 32% Zustimmungen, 1984 60%[9].

Wichtig in diesem Zusammenhang ist auch die Frage des *Interesses* an der Politik. Mangelndes Interesse an der Politik kann ja zugleich Grund wie auch Folge politischer Unmoral sein. Wie demoskopische Untersuchungen in der Bundesrepublik zeigen, ist das Interesse an der Politik im Vergleich zu den 50er Jahren gestiegen. Anfang der 50er Jahre zeigte sich nur jeder 4. Bundesbürger daran interessiert, "die eigene öffentliche Angelegenheit, die ja die Politik in der Demokratie sein soll, auch nur zur Kenntnis zu nehmen", wie E. *Piel*[10] in seinem Buch "Im Geflecht der kleinen Netze" formuliert. 1984 dagegen zeigten sich 58% der Bundesbürger an der Politik interessiert, von den Jugendlichen waren es immerhin noch 55%[11]. Interessant für unseren Zusammenhang sind nun die Gründe für das Desinteresse an der Politik bei jenen, die angaben, nicht an der Politik interessiert zu sein.

Zuerst zu den Jugendlichen: 33% gaben an, kein Interesse allgemein zu haben, 26% sagten "Politiker machen, was sie wollen, habe keinen Einfluß", ebenso viele, daß sie nichts von Politik verstünden; 12% meinten: "Politik ist ein schmutziges Geschäft, sinnlos". Bei den Erwachsenen scheint der Eindruck der Amoralität in der Politik noch stärker zu sein. Hier meinten 41%, daß Politiker machten, was sie wollten, und 14% sagten, daß Politik ein schmutziges Geschäft sei.[12]

Politik und Moral scheinen also Begriffe zu sein, die einander widersprechen. Dazu noch einige weitere kurze Hinweise:

- Schon die Wortgeschichte des Begriffes Politik läßt eine Diskrepanz zum Begriff Moral erkennen. Wie M. *Freund*[13] darstellt, wurde das Wort "politisch" im Abendland ursprünglich im Sinne von schlau, verschlagen, durchtrieben, "machiavellisch" gebraucht. Im Oxford Dictionary wird das Wort Politiker zum erstenmal im folgenden Satz belegt: "Das Dorf war rasch entvölkert. Denn der Teufel ist ein guter Politiker."[14]

- In *Goethes* Faust heißt es: "Ein garstig Lied! Pfui! ein politisch Lied!"[15]. - Eine der Überschriften in Bossles Schrift "Das Gewissen in der Politik" lautet: "Die Politik - ein Seinsbereich der Gewissenlosigkeit"[16].

- Als ich unlängst jemanden aus meinem Bekanntenkreis fragte, was ihm beim Thema "Politik und Moral" einfalle, erhielt ich zur Antwort: "Die zwei Dinge haben in der Realität miteinander nichts zu tun."

Wenn auch gerade die letzte Aussage als Tatsacheneinschätzung zu pessimistisch und sicherlich überzogen ist, so zeigt sich darin doch eine starke *Unzufriedenheit* und *Verdrossenheit* infolge des Fehlens von entsprechender Moral in der Politik. Dabei darf man nicht den Fehlschluß begehen, früher wäre es diesbezüglich viel besser gewesen, oder gar, in der Demokratie sei es bezüglich politischer Moral schlechter bestellt als in den Diktaturen. Was die früheren Zeiten betrifft, so ist damals vieles verdeckt geblieben und nicht an die breite Öffentlichkeit gelangt, wie dies im Zeitalter der Massenmedien geschieht; und was die Diktaturen anlangt, so gilt hier allgemein, was W. *Mantl* von der Korruption in der Autokratie treffend formuliert, wenn er ausführt: "Die irrige Auffassung, daß Korruption in der *Autokratie* seltener als in der *Demokratie* sei, läßt sich in aller Regel darauf zurückführen, daß die Autokratie alles daransetzt, die Korruption zu verheimlichen, was ihr aufgrund ihrer Herrschaftspraxis zumindest während ihrer Blüte auch zum Gutteil gelingt, umso drastischer sind die Enthüllungen nach ihrem Zusammenbruch."[17] Und man kann noch hinzufügen: Gerade in der breiten öffentlichen Aufarbeitung der Skandale in der Demokratie kommt die Selbstreinigungskraft der Demokratie zum Ausdruck.

Nicht zuletzt in der Hoffnung auf solche Selbstreinigungskräfte stellt sich angesichts des bisher zutage getretenen Gegensatz- bzw. Spannungsverhältnisses von Politik und Moral die Frage nach den *tieferen Gründen* dieser Spannung. Zu einem nicht unerheblichen Teil liegen solche Gründe in der Eigenart des Politischen überhaupt und nicht einfach nur in der Bosheit der Menschen. So will das vorliegende Buch versuchen, zehn in der Eigenart des Politischen gelegene und besonders gewichtig erscheinende Spannungsfelder zur Moral aufzuzeigen und daraus Chancen für eine politische Moral zu skizzieren. Doch zuvor muß noch etwas zur Klärung der Begriffe Politik und Moral bzw. Ethik gesagt werden.

2. Begriffsklärungen

Politik kann man bekanntlich verschieden definieren. Im folgenden soll Politik in Anschluß an O.H.v.d. *Gablentz*[18] und J. *Messner*[19] umschrieben sein als *interessengeleiteter Kampf um die rechte Ordnung mit Mitteln der Macht,* was immer man dabei unter rechter Ordnung verstehen mag. Es geht also, wie A. *Klose* richtig betont, in der Politik wesentlich um "die Wahrnehmung einer umfassenden Ordnungsaufgabe."[20] Dabei stellt sich die Frage, welche Politik jeweils näherhin vor Augen schwebt, auf welcher Ebene gesellschaftlicher Existenz bzw. in welchem Sozialgebilde der genannte Kampf gemeint ist, in der Gemeinde, innerhalb einer politischen Partei, an einer Universität, im Staat, auf internationaler Ebene oder sonstwo. Politik läßt sich ja nach verschiedenen Gesichtspunkten und Teilbereichen gliedern.[21] Im folgenden ist grundsätzlich die Politik auf allen Ebenen gesellschaftlicher Existenz bzw. in allen Sozialgebilden gemeint, in erster Linie aber die staatliche Politik in demokratischen Gesellschaften.

Verschieden kann man auch *Moral* bzw. *Ethik* definieren. Moral und Ethik werden manchmal synonym, manchmal - und dies ist vor allem heutzutage in der Philosophie der Fall - so gebraucht, daß mit Moral das Sittliche selbst, mit Ethik eher die Theorie darüber gemeint ist. In der vorliegenden Arbeit soll unter Ethik die Theorie der Sittlichkeit, mit Moral die Praxis der Sittlichkeit verstanden werden. Ethik ist dann konkret zu definieren als ein *System begründeter, von der Idee eines sinnvollen menschlichen Lebens geleiteter Aussagen über das richtige Verhalten bzw. Handeln unter Beachtung der entsprechenden Gesinnung und mit Ausrichtung auf entsprechende Institutionen und Strukturen,* Moral als das solchen Aussagen gemäße *tatsächliche Verhalten* und *Handeln* oder, kürzer ausgedrückt, als gelebte Ethik.

Näherhin wird hier die Ethik auf christlicher Grundlage vertreten. Darunter verstehe ich eine Ethik, die sich zum christlichen Menschen-, Welt- und Gottesbild bekennt, aber eine christliche Ethik, die bei all ihrer Fundierung im christlichen Glauben bezüglich ihrer normativen Aussagen eine *humane* und eine *allgemein einsichtige* Ethik zu sein beansprucht, also eine Ethik, deren normative Aussagen prinzipiell auch ohne Gottesglauben mit Hilfe bloßer Vernunftüberlegungen einsichtig sind. Gerade in einer offenen und pluralistischen Gesellschaft ist eine Ethik rationalen Diskurses und kommunikativer Gemeinschaft dringend notwendig. Dies gilt besonders bezüglich grundlegender Güter bzw. Werte, um die es in der Politik doch auch geht. Dennoch darf nicht unerwähnt bleiben, daß der christliche Glaube eine nicht zu unterschätzende Motivations-, Orientierungs- und Stützungsfunktion besonders in belastenden Grenzsituationen zu bieten vermag.

Daß die christliche Ethik eine humane und damit kommunikative Ethik sein will, dies zu betonen ist auch deswegen wichtig, weil wir in einer Welt leben, in der Gläubige und Ungläubige gemeinsame Aufgaben zu bewältigen haben und wo wir uns notwendigerweise in der Pluralität der Wert- und Weltanschauungen um eine *gemeinsame Basis* bemühen müssen. Die Humanität mit dem *Bekenntnis zum Menschen,* zur Personwürde des Menschen mit den Menschenrechten, kann man als die gemeinsame Wertbasis dieser wertpluralen Weltgesellschaft betrachten. Wenn man nämlich nach einem einheitlichen Menschenbild dieser wertpluralen Weltgesellschaft fragt, so kann man sagen, Züge dieses Menschenbildes seien in den Menschenrechten artikuliert und ebenso im Bekenntnis zur Menschenwürde. Was dann konkret dieser Menschenwürde entspricht oder widerspricht, darüber kann es natürlich je nach Glaubensrichtung und Weltanschauung unterschiedliche Ausprägungen geben.

Nach dieser Klärung der Begriffe sollen nun, wie oben angekündigt, zehn Spannungsfelder von Politik und Moral skizziert und diskutiert werden. Die Skizzierung solcher Spannungsfelder, ausgehend von klaren Begriffen von Politik und Moral, ist auch im Interesse der Vermeidung von "moralisierender Politik" und "politisierender Moral" wichtig, Begriffe, mit denen nach P. v. *Oertzen* "die unzulässige, nicht sachgerechte Vermischung von Moral und Politik"[22] bezeichnet werden soll.

II. Spannungsfelder zwischen Politik und Moral

1. Partikularinteressen - Gemeinwohl

Politik ist von Interessen, vornehmlich von Einzel- und Gruppen- bzw. Parteiinteressen, also von Partikularinteressen, bestimmt; Moral, auch politikbezogene Moral, betont den Vorrang des Gemeinwohls. Was die Menschen treibt, ist aber nicht das Gemeinwohl, sondern es sind die *Eigeninteressen.* Dies pflegte mein verehrter Lehrer J. *Messner* immer wieder zu sagen, dies haben auch schon die Federalistautoren gemeint, wenn sie sagten, daß "die Menschen ihr Verhalten viel eher von Leidenschaften und unmittelbaren Interessen beeinflussen lassen als von allgemeinen und ferner liegenden Erwägungen rationaler Politik, Utilität oder Gerechtigkeit."[23]
Dabei ist gegen das Interesse als treibende Kraft menschlichen Handelns im Prinzip nichts einzuwenden, ja, man muß das Interesse als Lebenszeichen des Menschen und des Menschlichen ernst nehmen und prinzipiell gelten lassen - im Friedhof unter der Erde gibt es kein Interesse mehr, nur die Erb- und sonstigen Interessen der Hinterbliebenen. Man darf es nicht vorschnell und von vornherein diskriminieren, weil es dann zu gefährlichen Verdrängungen und Kompensationen kommen kann: Dann werden z.B. Eigeninteressen, weil ein Deklarieren solcher verpönt ist, als Gemeinwohlinteressen etikettiert, und Politiker stellen sich dann als Opferlämmer auf den Altären des Gemeinwohls dar, die alles angeblich nur um der Menschen willen, also um anderer willen und zum Wohl der anderen, tun. Was also bei den Interessen problematisch ist, das ist ihre allzuoft anzutreffende egoistische Verkürzung *individueller, gruppenspezifischer* und *temporärer* Art. Der individuelle und der gruppenspezifische Interessenegoismus sind relativ bekannt, Stichworte wie Geldgier und Bereicherungsstreben nach Art von *Marcos* oder Potentaten in goldenen Betten in den Entwicklungsländern, diverse andere Formen der Korruption, Privilegienwirtschaft, Parteibuch- und Freunderlwirtschaft mögen hier

genügen. Die dritte erwähnte Art des Egoismus, der *temporäre*, dürfte nicht so bewußtseinspräsent sein. Er liegt darin, daß weniger wichtige kurzfristige Interessen auf Kosten wichtiger langfristiger Interessen verwirklicht werden, weil die Vertreter solcher kurzfristiger Interessen auf dem politischen Markt präsent und druckausübend, die Vertreter langfristiger Interessen hingegen nicht so präsent und mächtig sind. Typische Beispiele hiefür sind die Ausbeutung und Belastung der Natur auf Kosten zukünftiger Generationen und die Verschuldung der Staaten ebenfalls auf Kosten künftiger Generationen, alles nach dem Motto: Nach uns die Sintflut.

Daß in der Politik das egoistische Eigeninteresse, speziell das temporäre, und nicht das Gemeinwohlinteresse dominiert, hängt auch damit zusammen, daß in der Politik der kurzfristig angesetzte Zahltag der nächsten Wahl, in der Moral hingegen der "Jüngste Tag" mit seiner Langzeitperspektive ausschlaggebend ist. Dabei muß dieser "Jüngste Tag" nicht unbedingt im Sinne einer transzendenzbezogenen Ethik als transzendentes Endgericht, sondern kann im Sinne einer immanenten Ethik als Verrechnungs- bzw. Abrechnungstag aller kurz-, mittel- und langfristigen Haupt- und Nebenfolgen einer Handlung oder von Handlungen verstanden werden.

Nun noch etwas zu den egoistischen Interessen überhaupt. Die den egoistischen Interessen entsprechende Geisteshaltung ist eine, welche M. *Horkheimer* die "subjektive Vernunft" nennt. Er schreibt über diese subjektive Vernunft: "Sie hat es wesentlich mit Mitteln und Zwecken zu tun, mit der Angemessenheit von Verfahrensweisen an Ziele, die mehr oder minder hingenommen werden und sich vermeintlich von selbst verstehen... Befaßt sie sich überhaupt mit Zwecken, dann hält sie es für ausgemacht, daß auch sie vernünftig im subjektiven Sinne sind, das heißt, daß sie dem Interesse des Subjekts im Hinblick auf seine Selbsterhaltung dienen... Der Gedanke, daß ein Ziel um seiner selbst willen vernünftig sein kann..., ohne auf irgendeine Art subjektiven Gewinnes oder Vorteils sich zu beziehen, ist der subjektiven Vernunft zutiefst fremd, selbst wo sie sich über die Rücksicht auf unmittelbar nützliche Werte erhebt und

sich Reflexionen über die Gesellschaftsordnung, betrachtet als ein Ganzes, widmet."[24]
Aus der Sicht der politischen Ethik bzw. Moral wird hingegen, wie bereits vermerkt wurde, mit Recht der *Vorrang des Gemeinwohls* postuliert, ja ethisch gesehen liegen Sinn, Ziel und Rechtfertigung der Politik im wohlverstandenen Gemeinwohl begründet, weshalb das *II. Vatikanische Konzil* in diesem Zusammenhang formuliert: "Die politische Gemeinschaft besteht also um dieses Gemeinwohls willen; in ihm hat sie ihre letztgültige Rechtfertigung und ihren Sinn, aus ihm leitet sie ihr ursprüngliches Eigenrecht ab."[25] Und das Konzil sagt gleich im nächsten Satz, was es unter dem Gemeinwohl versteht, wenn es formuliert: "Das Gemeinwohl aber begreift in sich die Summe aller jener Bedingungen gesellschaftlichen Lebens, die den einzelnen, den Familien und gesellschaftlichen Gruppen ihre eigene Vervollkommnung voller und ungehinderter zu erreichen gestatten."[26]
Es lohnt sich, bei dieser *Gemeinwohldefinition* etwas zu verweilen und sie zu reflektieren.
Bei näherer Betrachtung der eben zitierten Gemeinwohldefinition und der Gemeinwohldefinitionen innerhalb der christlichen Soziallehre überhaupt erkennt man darin zwei Komponenten, eine inhaltliche, das Gemeingut, und eine organisatorische bzw. organisierende, das Gemeinwohl im engeren Sinn, wie man dies im Anschluß an z. B. O. v. *Nell-Breuning* unterscheiden kann.[27] Der inhaltliche Wert, bei *Nell-Breuning*[28] als Eigenwert bezeichnet, besteht in der Vervollkommnung der Menschennatur als solcher, der organisatorische bzw. organisierende Wert, bei *Nell-Breuning*[29] als Dienstwert bezeichnet, besteht in der funktionsfähigen Organisierung der Glieder einer Gesellschaft zur kooperativen Erreichung der im Interesse der Vervollkommnung der einzelnen gelegenen Gemeinschaftsziele. Dabei fällt auf, daß in den Gemeinwohldefinitionen des kirchlichen Lehramts die organisatorische bzw. organisierende Komponente eine stärkere Betonung erfährt.
In der oben zitierten Definition des *II. Vatikanischen Konzils* sind es die gesellschaftlichen Bedingungen, die hervorgehoben sind. In der Gemeinwohldefinition der Enzyklika Mater et Magistra *Johan-*

nes XXIII., welche das Gemeinwohl als den “Inbegriff jener gesellschaftlichen Voraussetzungen” definiert, “die den Menschen die volle Entfaltung ihrer Werte ermöglichen oder erleichtern”,[30] sind es ebenfalls die gesellschaftlichen Voraussetzungen, welche zunächst im Blick auf das Gemeinwohl im Vordergrund stehen. Das hängt möglicherweise damit zusammen, daß solche Gemeinwohlappelle in besonderer Weise an den Staat als obersten Hüter des nationalen Gemeinwohls gerichtet sind, der Staat sich aber im Sinne des Subsidiaritätsprinzips auf die Schaffung der Voraussetzungen der Vervollkommnung der einzelnen und der gesellschaftlichen Gruppen konzentrieren soll, die Vervollkommnung selbst aber primär die einzelnen und gesellschaftlichen Gruppen näher bestimmen und in die Hand nehmen sollen. Das *subsidiär* zu verwirklichende Gemeinwohl als Sinn, Ziel und Rechtfertigung der Politik erweist sich so als wichtige Barriere und wichtiger Schutz gegen eine Entmündigung der Bürger und gegen eine gefährliche Volksbeglückung von oben, wo dann die ideologisch oder sonstig bestimmten Interessen der Herrschenden als Glück des Volkes etikettiert und ausgegeben, dafür entsprechende Opfer abverlangt und die Menschen um ihr eigentliches Glück betrogen werden. Damit ist selbstverständlich nicht gesagt, daß nicht das *Glück* ein wesentliches Ziel der Politik sein soll. Die Frage ist nur, wonach und von wem dieses Glück näher bestimmt wird. Nach der hier vertretenen Ethik muß das Glück als Ziel der Politik ein an der Menschennatur aller sich orientierendes und von diesen allen und ihren gesellschaftlichen Gruppen artikuliertes und wesentlich mitbestimmtes Glück sein.

In diesem Zusammenhang erinnert man sich, daß J. *Bentham*[31] das Gemeinwohl definiert hat als das größte Glück der größten Zahl. Diese Definition ist problematisch, vor allem weil dabei das größte Glück der größten Zahl erkauft sein kann mit dem größten Unglück einer kleinen Zahl und weil nicht gesagt wird, worauf dieses Glück beruht, wie es herbeigeführt, mit welchen Mitteln es erkauft wird und mit welchem Preis es zu bezahlen ist. Es fehlt vor allem auch die Angabe darüber, innerhalb welcher Bilanzzeit das Glück errechnet werden soll. Um es konkreter auszudrücken: Nach dieser Formel könnte eine Situation, wo die Menschen durch Drogen künstlich in einem euphorischen Zustand gehalten werden, einem Zustand vorgezogen werden, in welchem die Menschen im Augenblick etwas weniger glücklich sind, aber wo sich Glück und Freude einstellen z.B. nach gemeinsam bewältigtem Leid, nach erfahrener Treue und Liebe und nicht zuletzt aus der Hoffnung auf ein Leben und Glück über den Tod hinaus. Es ist aber dennoch sinnvoll, bei der Gemeinwohlbestimmung an das Glücksstreben als eine fundamentale Kategorie menschlicher Existenz anzuknüpfen und damit in die Gemeinwohlbestimmung eine *dynamische* Komponente aufzunehmen. So wollen wir in korrigierendem und ergänzendem Anschluß an J. *Bentham* und in Anlehnung an J. *Messner*[32] Gemeinwohl definieren als das an der Bestimmung der Menschennatur sich orientierende größtmögliche Glück aller einzelnen in Gegenwart und Zukunft mit vorrangiger Beachtung vitaler Lebensbedürfnisse für alle sowie mit besonderer Berücksichtigung der Realisierungsbedingungen beider Anliegen.

Ein so verstandenes Gemeinwohl als Sinn, Ziel und Rechtfertigung der Politik ist keine abstrakte und anonyme Größe, weil das Wohl aller einzelnen dessen konstitutiven Bestandteil bildet. Es ist auch keine Leerformel,[33] weil die vorrangige Betonung vitaler Lebensbedürfnisse für alle gerade angesichts diesbezüglicher nationaler und internationaler Defizite klar wichtige Einsatzfelder der Politik markiert und weil die Artikulation der Zukunftsdimension angesichts der vielfachen Bedrohung dieser Zukunft besonders zu besorgende politische Tätigkeitsfelder nicht nur für die Grüngruppierungen aufzeigt. Warum diesbezügliche Erfolge oft lange auf sich warten lassen, hat nicht nur mit dem hier diskutierten Egoismus individueller, gruppenspezifischer und temporärer Art, sondern auch mit dem weiter unten zu erörternden Problem der *Macht* als Eigentümlichkeit der Politik zu tun.

Kehren wir nun zu den Anfangsüberlegungen dieses Abschnitts zurück. Wir haben dort die Eigeninteressen mit ihrer drohenden egoistischen Verkürzung als einen Grund für die Gegensätzlichkeit bzw. Spannung zwischen Politik und Moral bezeichnet. Dabei ist klar geworden, daß es bei allem Vorrang der Gemeinwohlinteressen nicht um die Liquidierung der Eigeninteressen gehen kann, sondern um deren *richtige Einordnung* in die Gemeinwohlinteressen gehen muß. Die berechtigten Eigeninteressen als konstitutiver und integrierender Bestandteil des Gemeinwohls, das wohlverstandene Gemeinwohl als Existenzbasis und Realisierungsbedingung nicht nur einzelner, sondern aller berechtigten Eigeninteressen - das ist die Maxime, die es zu betonen gilt. Daraus resultiert dann die in der Tradition der christlichen Soziallehre formulierte und begründete *Vorrangregel:* ceteris paribus bonum commune praecedit bono singulari (Unter sonst gleichen Umständen bzw. auf gleicher Ebene geht Gemeinwohl vor Einzelwohl). Die Betonung der Ebene ist dabei wichtig, weil es für das Wohl und Heil des einzelnen Anliegen gibt, die so wesentlich sind, daß ihre Hintansetzung in ihrer Folgewirkung auch für das Gemeinwohl als Existenzbasis und Realisierungsbedingung aller Einzelwohle verheerend wäre - wie es z.B. beim Anliegen der Respektierung des Gewissens des einzelnen der Fall ist.

Zur Illustration der Tatsache, daß das wohlverstandene Gemeinwohl die Existenzbasis und Realisierungsbedingung aller berechtigten Eigeninteressen ist und daß die egoistische Verfolgung der Eigeninteressen ohne Rücksicht auf die berechtigten Interessen anderer und ohne Rücksicht auf das Gemeinwohl zum selbstzerstörerischen Konkurrenzkampf isolierter Partikularinteressen führt, gibt es in der sozialwissenschaftlichen Theorie die sogenannte soziale Falle der *Tragödie der Allmende.* Diese klassische soziale Falle, die "Tragedy of the Commons"[34], ist nach einer um 1840 erschienenen Arbeit benannt und lautet folgendermaßen:

Die Bauern eines Dorfes haben einige Kühe auf ihren eigenen Weiden, jeder hat aber auch einige auf der Gemeindewiese, der Allmende. Läßt ein Bauer nun eine Kuh mehr auf der Allmende grasen, so ist das für ihn ein Vorteil; dieser Vorteil wird umso größer, je mehr von den eigenen Kühen er auf der Allmende grasen läßt. Dieser Vorteil ist für jeden Bauern gegeben, der mehr Kühe auf die Gemeindewiese zum Grasen bringt. Nun werden aber so viele Kühe auf die Gemeindewiese getrieben, daß diese Kühe wegen Futtermangels keine Milch mehr geben. Außerdem wird die Grasnarbe so gründlich abgefressen, daß überhaupt nichts mehr wächst.

Man sieht also: Durch kurzfristig rationales, egoistisches Handeln kommen alle, der einzelne mit eingeschlossen, zu Schaden. Dieses kurzfristige Denken auf eigene Vorteile ist heute oft anzutreffen. "Was habe ich davon?" und "Wie kann ich am meisten zu meinem Vorteil herausholen?" sind oft gestellte Fragen. Daß die Folgen des Ausnützens des Gemeinsamen wie z.B. bei Prämienerhöhungen bei Versicherungen auch aufgrund der unberechtigten Inanspruchnahme von Versicherungszahlungen alle, auch der einzelne, zu tragen haben, wird oft nicht bedacht. Die *Pflege des Gemeinsamen* ist also u. a. Voraussetzung der Erfüllung der Eigeninteressen.

Dies zeigt sich auch an anderen Beispielen, etwa dem egoistisch verkürzten Vorgehen bei der Auswahl von Führungspersonen aufgrund einer parteimäßigen Nahebeziehung.

Konkrete Beispiele hiefür kennt jeder aus dem Leben zur Genüge. Nur ein Stichwort sei hier in Erinnerung gerufen: die Parteibuchwirtschaft mit der Folge, daß nicht die Geeignetsten, Fähigsten und Redlichsten die mit Verantwortung auszufüllenden Posten bekommen, sondern die bravsten Parteisoldaten bzw. Parteifreunde, denen nicht selten die fachliche und charakterliche Qualifikation fehlt, was dann zu Nachteilen für das Gemeinwohl mit den darin enthaltenen berechtigten Eigeninteressen führt; dies wird z.B. dort augenscheinlich, wo Patienten es büßen müssen, weil nicht der beste Arzt, sondern der beste Parteifreund eine bestimmte Arztstelle bekommen hat. Die Falle kann besonders dort deutlich werden, wo ein solcher protegierter medizinischer Parteifreund dann den protegierenden Politiker medizinisch verpfuscht. Die Falle wird auch dort deutlich, wo der politisch protegierte, im übrigen aber unfähige Manager einen Staatskonzern in den Konkurs führt und der dafür verantwortliche Politiker den Sessel räumen muß. Mißachtung der Gemeinwohlerfordernisse führt also oft zum eigenen Nachteil des Politikers.

Spätestens hier ist nun die Antwort auf die im Titel formulierte Frage zu geben, ob Politik mit Moral etwas zu tun hat. Die Antwort darauf hängt davon ab, ob die Frage als Tatsachenfrage oder als Sollensfrage gemeint ist. Die Tatsachenfrage kann jeder für sich in bezug auf den von ihm überblickten Lebensbereich beantworten. In den oben angeführten Ergebnissen der empirischen Sozialforschung kam jedenfalls zutage, daß viele Menschen der Meinung sind, nach ihrem Verständnis der Moral habe Politik oft wenig mit Moral zu tun. Vielleicht noch drängender ist für uns aber die Frage, ob Politik von ethischen Imperativen bestimmt sein soll.
Wenn man, wie oben geschehen, unter Ethik ein System begründeter und von der Idee eines sinnvollen menschlichen Lebens geleiteter Aussagen über das richtige Verhalten bzw. Handeln unter Beachtung der entsprechenden Gesinnung und mit Ausrichtung auf entsprechende Institutionen und Strukturen versteht, dann ist klar, daß die Antwort auf diese Frage ein eindeutiges Ja sein muß, weil sonst das menschliche Leben mit der Menschenwürde als Zentralwert auf dem Spiel stünde. Denn eine moralfreie Soll-Politik würde nicht nur die politischen Einzel- und Massenmörder der Geschichte freisprechen, sie würde nicht nur den politischen Verbrechern der Gegenwart in den Diktaturen freien Lauf gewähren, sie würde nicht nur die politischen Ausbeuter verschiedenster Grade und Schattierungen in den Diktaturen und anderen Herrschaftsformen ermutigen, den Menschen, um an K. *Marxens*[35] Formulierung im kategorischen Imperativ anzuknüpfen, zu einem erniedrigten, geknechteten, verlassenen und verächtlichen Wesen zu machen, sondern würde auch die entscheidende Motivation zur Überwindung menschenunwürdiger und zur Schaffung menschenwürdiger politischer Zustände übersehen. Dies zu betonen ist auch deshalb wichtig, weil es bei nicht klarer Artikulation der polit-ethischen Imperative noch leichter zu gefährlichen Ersatz- und Zerrformen der Moral, zu gefährlichen Formen des Moralisierens etwa kompensatorischer Diktatoren kommen kann, wofür z.B. Heinrich *Himmlers* berühmt-berüchtigte Rede vor seinen SS-Obergruppenführern am 4. Oktober 1943 in Posen ein krasses Beispiel ist. Darin zollte *Himmler* denen Respekt, die nun pflichtmäßig tätig geworden

seien, "dieses Volk..., das uns umbringen wollte, umzubringen." "Von Euch werden", so heißt es dort weiter, "die meisten wissen, was es heißt, wenn 100 Leichen zusammenliegen, wenn 500 daliegen oder wenn 1000 daliegen. Dies durchgehalten zu haben und dabei, abgesehen von Ausnahmen menschlicher Schwäche, anständig geblieben zu sein, das hat uns hart gemacht. Dies ist ein niemals geschriebenes und niemals zu schreibendes Ruhmesblatt unserer Geschichte..."[36].

Die eigentliche Frage ist also nicht, ob Politik von Moral bestimmt sein soll, - diese Frage ist eindeutig zu bejahen, wie wir oben festgestellt haben -, sondern die eigentliche Frage lautet, wie man die Kluft zwischen den Tatsachen und den Sollensansprüchen in der Politik, zwischen der Realität und den Idealen in der politischen Moral überwinden bzw. verringern kann. In diesem Zusammenhang stellt sich dann auch die Frage, welche *konkrete Moral* mit welchen *konkreten Imperativen* auf der jeweiligen Stufe des politischen Lebens zur Realisierug des jeweils Möglichen und Richtigen gelten soll, damit die Kluft zwischen Tatsachen und moralischen Ansprüchen verringert werden kann. Für die Politik als einer sehr häufig von egoistischen Eigeninteressen bestimmten Domäne seien im folgenden einige diesbezügliche Hinweise gegeben:

1. In den verschiedensten Formen der *Erziehung* und *politischen Bildung* ist die Einsicht zu vermitteln, daß auch politischer Egoismus zu einer Spirale selbstzerstörerischer Prozesse und damit letztlich zur Vereitelung der berechtigten Eigeninteressen führt. "Gemeinsinn liegt also im wohlverstandenen Eigeninteresse", das muß klar aufgezeigt werden. Zwar ist mit der Vermittlung solcher Einsicht noch nicht das entsprechende Handeln gesichert, aber eine wichtige Voraussetzung dafür geliefert. Eine Kultur des Gemeinsinns und der *Solidarität* ist vonnöten, die über feucht-fröhliche Feste hinausgehen muß. Dabei gilt es auch, die Solidarität vor ihren Fehlformen zu schützen, zu denen z.B. zu zählen sind: die *blinde Solidarität,* die sich solidarisch erklärt, ohne den Punkt, über den man solidarisch sein will, zu sehen zu versuchen; die *Blanko-Solidarität,* die gewissen Gruppen gegenüber von vornher-

ein solidarisch zu sein verspricht, ohne auf den jeweiligen Solidaritätsfall zu blicken; die *"Nieten"-Solidarität,* die sich aus Prinzip mit denen solidarisiert, die man nicht zu fürchten braucht, weil sie zu schwach sind, um der eigenen Position gefährlich zu werden; die *Nulltarif-Solidarität,* die sich dann Solidaritätsaktionen anschließt, wenn dies nichts kostet.

2. Es ist eine *Offenlegung der Interessen* in der Politik und ihre Aufdeckung anzustreben und zu fördern und deren Verschleierung zu verhindern bzw. zu erschweren.

In diesem Zusammenhang ist auf ein Konstruktionsmerkmal der Demokratie zu verweisen, nämlich die Zusammenführung des Interesses der Politiker, wieder gewählt zu werden, und der Gemeinwohlinteressen. Der Politiker in der Demokratie wird dann gewählt, wenn er die Gemeinwohlinteressen wahrnimmt. Dieses Konstruktionsmerkmal greift aber nur dann, wenn die verschiedenen Interessen erkannt werden und nicht propagandistisch Eigeninteressen, die dem Gemeinwohl schaden, als Gemeinwohlinteressen verkauft werden können. Außerdem schließt dies nicht aus, daß *Mehrheitsinteressen* egoistisch auf Kosten berechtigter *Minderheiteninteressen* verwirklicht werden, weil in der Demokratie einfach die Mehrheit zählt. Noch weniger schließt das aus, daß längerfristige Gemeinwohlinteressen demokratisch mißachtet werden. Prüfstein echter Demokratie ist deshalb ein *effektiver Minderheitenschutz* sowie die Sicherung, Beachtung und Förderung *längerfristiger Überlebensinteressen.*

3. Speziell am *Wahltag* als *Zahltag* muß durch die Entscheidung des mündigen Bürgers klar werden, daß der egoistische Politiker bestraft und der gemeinwohlbesorgte Politiker belohnt wird, daß sich also Moral in der Politik auszahlt.

Dieses Zur-Rechenschaft-Ziehen sollte dabei nicht auf die Spitzenkandidaten der jeweiligen Parteien beschränkt bleiben, sondern sich ebenso auch auf den "Mittelbau" der Abgeordneten und der oft aus der direkten Verantwortlichkeit fallenden Parteiangestellten der mittleren und unteren Ebene erstrecken.

4. Entscheidend für die Moral in der Politik, besonders auch im Blick auf die solidarische Verwirklichung des Gemeinwohls, ist das *gute Beispiel der Politiker.* Solidarität besagt auch das gemeinsame Tragen von Lasten. Nehmen wir einmal die nicht länger zu übersehende Notwendigkeit des Sparens. Man stelle sich vor, die solche Rezepte verschreibenden Politiker wären Bettelmönche und nicht Leute mit entsprechend hohem Einkommen, mit entsprechenden Abfertigungs- und Pensionsansprüchen und sonstigem. Sie würden sich viel leichter tun, wenn sie Solidaritätsopfer verlangen. Nun wird ja wohl niemand ernstlich verlangen, daß die Politiker das Gelübde der Armut ablegen müssen, aber etwas mehr von der Gesinnung eines *Franz v. Assisi* würde der Politik nicht schaden, insofern die Politiker nicht beim Materiellen stehen bleiben und insofern sie dieses nicht überbewerten.

5. Für eine Verbesserung der Moral in der Politik auch im Blick auf das Gemeinwohl ist es unerläßlich, daß sich *genügend qualifizierte Männer und Frauen* für die politische Arbeit und für politische Führungsfunktionen zur Verfügung stellen. Die Rede von der Politik als schmutzigem Geschäft darf nicht dazu führen, daß sich gerade charaktervolle Menschen für die Politik zu gut sind und zwielichtige Charaktere nach politischen Führungsämtern streben. Man muß gerade jungen Menschen Mut machen, sich in der Politik vielleicht wunde Hände zu holen, und ihnen das Wort Max *Webers* in Erinnerung rufen, Politik sei zu umschreiben als “ein starkes langsames Bohren von harten Brettern mit Leidenschaft und Augenmaß zugleich.”[37] Das böse Schlagwort, Politik verderbe den Charakter, ist dahingehend zu entgiften und zu korrigieren, daß Politik einen starken Charakter erfordere. Mit O. v. *Nell-Breuning* kann man diesbezüglich festhalten: “Der Politiker geht nicht nur einen schweren, sondern einen gefährlichen Weg, der ihn immer wieder in Versuchungen führt, denen nur ein starker Charakter gewachsen ist; ein starker Charakter aber bewährt sich in ihnen und erstarkt dadurch noch mehr.”[38]

6. Schließlich ist es für eine Verbesserung der moralischen Substanz und für ein entsprechendes Klima und einen entsprechenden fai-

ren Stil in der Politik wichtig, *christliches Orientierungswissen* und *christliche Motivationskraft* für die Politik zu mobilisieren. Richtige Politik kann eine wichtige Form der Nächstenliebe genannt werden. Der Christ weiß, daß er sich selbst dann am besten liebt, wenn er Gott liebt und mit Gott sich selbst und den Nächsten liebt. Er kann auch den Augenblicksegoismus leichter und gelassener überwinden, weil er weiß, daß er in Gott eine absolute Zukunft mit dem Leben in Fülle hat. Er hat die beste Grundlage für Gemeinwohlsolidarität, weil er im Blick auf Christus sagen kann: Einer ist für uns Mensch geworden, damit wir einander wahrhaft menschlich begegnen; einer ist unser Bruder geworden, damit wir einander brüderlich und schwesterlich begegnen; einer hat für uns Kreuz und Leid ertragen, damit wir einander die Last des Lebens tragen helfen; einer ist für uns von den Toten auferstanden, damit wir alle einander Leben bedeuten.

2. Macht - Freiheit, Gerechtigkeit, Gewaltlosigkeit, Liebe und Frieden

Ein zweiter Grund für die Spannung zwischen Politik und Moral liegt darin, daß Politik von *Macht* in ihren verschiedensten, auch brutalen Formen bestimmt ist, in der Ethik bzw. der Moral, auch der politischen, hingegen andere Werte dominieren, nämlich *Freiheit, Gerechtigkeit, Gewaltlosigkeit, Liebe und Frieden*. Wenn man mit Max *Weber* unter Macht "jede Chance" versteht, "innerhalb einer sozialen Beziehung den eigenen Willen auch gegen Widerstreben durchzusetzen, gleichviel worauf diese Chance beruht"[39], dann versteht man, daß solche Macht ein allgemeines Phänomen von menschlichen Gemeinwesen ist, weil sie zuinnerst verbunden ist mit dem Menschen, mit seinem fundamentalen Bedürfnis nach Selbstbehauptung und Selbsterhöhung, mit seinen Interessen, Werten und Leitbildern. Man versteht auch, daß es in dieser Welt keine machtlose Politik geben kann. Die Macht ist der Politik so immanent, daß man, wie oben geschehen, Politik definieren kann als interessengeleiteten Kampf um die rechte Ordnung mit den Mitteln der Macht, wobei freilich die Vorstellungen über die rechte Ordnung auseinandergehen können und auch werden. Soll politische Macht mit ihrem Gewaltpotential nicht zur gefährlichen Bedrohung individueller und sozialer Existenz werden, sondern letztlich dem Menschen und seinem Wohl dienen, so sind dazu eine Reihe von Vorsichts- und sonstigen Maßnahmen vonnöten, und zwar:

1. Da die Macht zum Selbstzweck werden und sich von den übergeordneten Zwecken lösen kann, ist es angebracht, von einer gewissen *Tendenz zum Mißbrauch* bzw. zur Korruption der Macht zu sprechen. Diese Tendenz ist umso größer, wahrscheinlicher und gefährlicher, je mehr es sich um große, konzentrierte und absolute Macht handelt, sodaß Lord *Actons* Ausspruch ernst zu nehmen ist, wenn er sagt: "Macht hat die Tendenz zu verderben. Absolute Macht verderbt absolut."[40]

So besteht eine wichtige Vorsichtsmaßnahme gegenüber Machtmißbrauch in ständigem *Bewußtmachen und Bewußthalten* der Gefahr des Machtmißbrauchs vor allem konzentrierter Macht. Allerdings darf solches nicht undifferenziert gesehen werden. Denn Macht ist nicht gleich Macht. Nach der oben angeführten Machtdefinition Max *Webers* kann ja die Chance der Willensdurchsetzung auf unterschiedlichen Gegebenheiten beruhen, nicht nur auf physischer Stärke, wie bei der Gewalt als der brutalen Form der Macht, sondern auch auf dem Gewicht der überzeugenden Vernunftargumente oder auf der Faszination wagender Liebe, wie es bei edlen Formen der Macht der Fall ist, sodaß man von der Macht der Vernunft und der Macht der Liebe sprechen kann. Ja, in gewissen Fällen und in gewissem Sinn kann man sogar von der "Macht der Ohnmacht" sprechen. So gesehen sind Unterscheidungsvermögen, Vorsicht und Skepsis angebracht und dringend nötig, besonders gegenüber den brutalen Formen der Macht.

2. Eine weitere wichtige Strategie zur Sicherung der Macht im Dienst der Menschen und zur Verhinderung bzw. Überwindung von Machtmißbrauch liegt in der *Mobilisierung der edlen Formen der Macht,* vor allem der Macht der Vernunft, der Macht der Ge-

rechtigkeit und der Macht der Liebe, zur Verhinderung, Zurückdrängung, Überwindung und Ersetzung der brutalen Formen der Macht, vor allem der Gewalt. Ohne eine Pflege und Kultur dieser edlen Formen der Macht in Wort und Tat und ohne eine entsprechende Kultur damit in Zusammenhang stehender zentraler ethischer Werte wie Freiheit und Frieden besitzen alle übrigen Instrumente zur Verhinderung von Machtmißbrauch wenig Chancen.[41]

3. Eine weitere, allgemein bekannte Strategie der Verhinderung von Machtmißbrauch liegt in der *Teilung der Macht.* Stichwortartig seien in Erinnerung gerufen: die horizontale Gewaltenteilung - wobei hier mit dem Begriffsbestandteil Gewalt das legitime staatliche Machtpotential und nicht die brutale Form von Macht gemeint ist und wobei es noch zu vermerken gilt, daß diese Gewaltenteilung in der Realität stark ausgehöhlt sein kann - in die Legislative, Exekutive und Judikative; die vertikale "*Gewaltenteilung*" im Sinne des Subsidiaritätsprinzips als Freiheitssicherungsprinzips mit der Betonung der primären Eigenberechtigung, Eigenzuständigkeit und Eigenverantwortung des einzelnen und der dem einzelnen näheren und kleineren Sozialgebilde mit dem Imperativ der Hilfe zur Selbsthilfe und mit der Pflicht der übergeordneten Sozialgebilde zur Schaffung der Voraussetzungen für solche Eigentätigkeit und zum Einspringen bei Überforderung bzw. Versagen der einzelnen und der untergeordneten Sozialgebilde; in diesem Sinne dann auch die Forderung einer wirklich freien und ökosozialen Marktwirtschaft mit einer entsprechenden Streuung des Privateigentums auch an Produktionsmitteln gegenüber einer Überhandnahme der Staatsverwaltungswirtschaft mit der gefährlichen Konzentration von politischer und wirtschaftlicher Macht, abgesehen davon, daß solche Systeme unwirtschaftlich sind; sodann die Sicherung und Förderung eines Mehrparteiensystems im Interesse eines fairen Konkurrenzkampfes zur besseren Verwirklichung des Gemeinwohls; damit zusammenhängend die Sicherung einer funktionsfähigen, dem Gemeinwohl verpflichteten Opposition zur Kontrolle der Regierung mit entsprechender Chance zum Machtwechsel. In diesem Kontext ist es erwähnenswert, daß Sir Karl *Popper*[42] den

entscheidenden Unterschied zwischen Demokratie und Diktatur darin sieht, daß man in der Demokratie die Regierung ohne Blutvergießen durch eine Abstimmung loswerden kann, daß hingegen in der Diktatur dies nicht möglich ist. Teilt man diese Ansicht Sir Karl *Poppers* - und ich bin geneigt, dies zu tun -, dann erkennt man die Problematik auch von demokratisch regierten Ländern, in denen infolge Unreife, parteiideologischer Fixiertheit oder politischer Immobilität der Bürger eine Regierung trotz Versagens wenig Gefahr läuft, die Mehrheit zu verlieren, was naturgemäß Selbstherrlichkeit, Machtmißbrauch und dgl. fördern muß.

4. Die *Bindung der Macht an das Recht* und die Zügelung bzw. Regelung derselben durch das Recht sind weitere Möglichkeiten zur Verhinderung des Machtmißbrauchs und zur Sicherung der Dienstfunktion der Macht im Interesse des Gemeinwohls. Dazu ist vieles erforderlich. Eigens genannt sei: Eine an der Idee der Gerechtigkeit sich orientierende Gesetzgebung; eine solchem Recht und nicht etwa Parteizentralen verpflichtete Beamtenschaft; eine unabhängige und objektive Gerichtsbarkeit; eine Erleichterung des Zugangs zum Recht für alle Bürger; eine faktische Gleichstellung aller vor dem Gesetz (weshalb das Rechtsprivileg der Immunität für Abgeordnete, wie es z.B. in Österreich geregelt ist, ernstlich zu überdenken und gegebenenfalls zu revidieren ist) und nicht zuletzt die Bindung von Macht und Recht an die Grundwerte der Sittlichkeit.

In diesem Zusammenhang muß aber auf eines eigens hingewiesen werden: auf die Notwendigkeit, daß die Menschen durch Selbst- und Fremderziehung und Bildung zu jener politischen Reife gelangen, aus der heraus sie Loyalität und Solidarität mit der dem Gemeinwohl dienenden Autorität und Widerstand gegen die gemeinwohlschädigende Autorität üben.

Es kommt also darauf an, daß die Menschen aus ihrem rechtlich und sittlich reifen Bewußtsein und Gewissen heraus den richtigen *Gesetzesgehorsam* leisten, aber auch rechtzeitig dem Unrechtsrecht und der Willkür mit angemessenem *Widerstand* begegnen. Infolge des Ausbleibens eines rechtzeitigen und wirksamen Widerstandes in der NS-Diktatur und infolge anderer Erfahrungen ist heute mitunter mehr vom Widerstand, auch vom zivilen, und von der Widerstandspflicht die Rede. Das ist gut so. Es ist dabei aber zu achten, daß der zivile Ungehorsam in der rechtsstaatlichen Demokratie nicht zu einer fixen Idee wird und dann am falschen Ort gegen die falschen Adressaten stattfindet. Es ist auch darauf zu achten, daß vor lauter "Predigen" des zivilen Ungehorsams die notwendige "Predigt" des im Gewissen verantwortbaren zivilen Gehorsams als Tugend und Pflicht nicht zu kurz kommt.

5. Schließlich ist in einer Strategie zur Vermeidung und Überwindung des politischen Machtmißbrauchs und zur Sicherung der politischen Machtfunktion im Dienste des Gemeinwohls die Aktivierung der Machtunterworfenen zur *ständigen kritischen Überwachung der Machtträger* zu erwähnen. Dabei spielt die öffentliche Meinung eine tragende und führende Rolle. Von ihrer Funktion in der freiheitlich-demokratischen Gesellschaft sagt daher J. *Messner* mit Recht: "So kommen wir zum Ergebnis, daß die *wohlinformierte, verantwortungsbewußte, wachsame und entscheidungsbereite öffentliche Meinung in der freiheitlichen Demokratie eines der allerhöchsten Gemeinwohlgüter ist.*"[43] Den *Massenmedien* als wichtigsten Artikulatoren dieser öffentlichen Meinung in der modernen Gesellschaft kommt eine besondere Bedeutung, aber auch Verantwortung zu. Mit ihrer Macht können sie die politische Macht des Staates, der Parteien, Verbände und deren Einflußgrößen wirksam kontrollieren und beeinflussen. Mit ihrem Machtpotential laufen sie aber selbst Gefahr, ihre Macht zu mißbrauchen und Manipulation auszuüben, sodaß sich die drängende Frage stellt: Wer kontrolliert die Kontrolleure? - Die Antwort wird wiederum zu suchen sein in der "Gewaltenteilung" der Massenmedien durch Förderung ihrer Pluralität, in ihrer Bindung an Recht und Gesetz, in der Etablierung und Forcierung einer wirksamen Selbstkontrolle, in der Kultur des journalistischen Ethos und vor allem in der Aktivierung der kritischen Vernunft der Konsumenten der Massenmedienprodukte, also durch ständige Überprüfung des Gehörten, Gesehenen und Gelesenen auf Objektivität und zumutbare Vollständigkeit hin.

Dies wären einige wichtig erscheinende "strategische" Schritte zur Verhinderung des Machtmißbrauchs und zur Sicherung der Funktion der Macht im Dienste des Gemeinwohls.
In der Diskussion des Spannungsfeldes von politischer Macht und Moral muß nun auf noch eines hingewiesen werden: auf die Tatsache, daß die Politik die Tendenz aufweist, die auf den "politischen Märkten" Starken, gut Organisierten und Anwesenden zu bevorzugen, die Schwachen und Abwesenden hingegen zu vernachlässigen, was einen speziellen Gegensatz zur christlich orientierten Ethik - aber nicht nur zu dieser - darstellt, die ja eine vorrangige *Option für die Armen,* Schwachen, Unterdrückten, Behinderten und sonstig Benachteiligten ausspricht. Zu den Schwachen zählen dabei besonders auch die am politischen Markt nicht Präsenten, wie ja das Beispiel der Behandlung der im Mutterleib bereits Lebenden, aber noch nicht Geborenen und überhaupt der künftigen Generationen zeigt. Zur Stärkung der Position solcher Machtlosen auf den politischen Märkten ist mancherlei notwendig, u. a.: die Präsentmachung der Nichtanwesenden durch Mobilisierung und Organisierung möglichst vieler ihrer "Anwälte", indem diese ihnen eine "Stimme" geben und sie möglichst vielen Bürgern, vor allem den Entscheidungsträgern, bewußt machen; sodann die Mobilisierung und Organisierung der Armen und Schwachen zur Stärkung ihrer Macht; und nicht zuletzt die Überwindung des Ohnmachtgefühls und der Resignation sowie die Ermutigung der Ohnmächtigen, damit sich nicht die Spirale der Ohnmacht zu drehen beginnt nach dem Motto: die Ohnmacht der Ohnmächtigen steigert ihre eigene Ohnmacht und stärkt damit die Macht der Mächtigen, die an der Ohnmacht der Ohnmächtigen ein Interesse haben.
Solcher *Resignations- und Verzweiflungsgefahr* vermag besonders auch eine christlich fundierte Ethik entgegenzuwirken. Sie gibt Hoffnung wider alle Hoffnung, sie weiß um den Sinn von Einsatz im Kampf für Gerechtigkeit, Liebe und Frieden, auch wenn sich der Erfolg hier auf Erden nicht oder nicht so schnell einstellt, und sie weiß bei der oft mühevollen, mit Rückschlägen behafteten und enttäuschenden Arbeit an der verantwortungsvollen Gestaltung der Welt, daß die Vollendung der Geschichte Gottes alleinige Tat ist,

daß Ungerechtigkeit, Gewalt, Lüge und Tod nicht das Letzte sind, sondern daß die Verheißung des Friedens, der Gerechtigkeit, der Liebe, der Wahrheit und des Lebens endgültig ist. Solche christliche Ethik weiß sich aus Verantwortung vor Gott und den Menschen zum menschengerechten und menschenwürdigen Umgang mit der Macht verpflichtet, dabei um die Begrenztheit menschlicher Güte wissend nach den Worten *Thomas' von Aquin:* "Es genügt nicht zur Glückseligkeit, daß der Mensch Gott gleiche in Hinsicht auf die Macht, wenn er ihm nicht auch gleicht in Hinsicht auf die Güte."[44]

3. Erfolg - Gewissen

Das dritte Spannungsfeld läßt sich kurz durch den Satz charakterisieren: In der Politik zählt der *Erfolg,* in der Moral die Treue zum *Gewissen*.

Daß in der Politik der Erfolg zählt, ist offensichtlich. Das zeigt sich auf den verschiedenen Ebenen und Feldern der Politik. So wird z.B. der Wahltag mit seinem Wahlsieg oder der Wahlniederlage zum Zahltag und zum Schicksalstag für Politiker und Parteien in den Demokratien, ein gewonnener oder verlorener Krieg zum Schicksal für Völker und Nationen, und die erfolgreiche Machtbehauptung und Machtdurchsetzung entscheidend für das Überleben auch von Diktaturen. Die Spannung zur Moral mit dem Problem der Schuld zeigt sich dabei auch darin, daß meist die Verlierer und selten die Sieger vor Gerichte zitiert und als Verbrecher verurteilt werden. Das Streben nach Erfolg ist aber nicht nur aus diesen Gründen der Politik immanent, sondern auch deshalb, weil es dem Menschen mit seinem Urstreben nach Geltung und Anerkennung, ja nach Existenz überhaupt, zutiefst wesenseigen ist. Das eigentliche Problem beginnt mit der Frage, *mit welchen Mitteln* der politische Erfolg erzielt und wonach er beurteilt wird. Denn allzuoft entpuppt sich ein solcher politischer Erfolg bei näherem Zusehen als egoistischer Nutzen von einzelnen oder Gruppen auf Kosten und zum Schaden anderer einzelner, anderer Gruppen oder zukünftiger Generationen, eben auf Kosten des wohlverstandenen Gemeinwohls, und allzuoft ist ein solcher politischer Erfolg erzielt mit verbrecherischen, perfiden und ethisch abzulehnenden Mitteln, z.B. mit Lügen verschiedenster Art und verschiedenster Grade, mit Korruption verschiedenster Stufen und mit Mord verschiedensten Ausmaßes, vom Einzel- bis zum Massenmord; mit anderen Worten: Der politische Erfolg und der Weg dorthin sind mitunter ethisch verwerflich oder zumindest bedenklich. Aber nichtsdestoweniger gilt: Das Erfolgsinteresse ist eine treibende Kraft menschlicher Existenz und menschlichen Handelns, und in der Oberflächlichkeit des politischen Alltags wird nach der ethischen Dimension des Erfolgs mitunter zu wenig gefragt.

Gibt es nun in der Natur des Menschen eine *Gegenkraft,* welche dieser Dynamik der Unmoral auch in der Politik entgegenzuwirken vermag? - Die gibt es. Das ist das *Gewissen*. Von diesem Gewissen sagt das II.Vatikanische Konzil in Art.16 der Pastoralkonstitution Gaudium et Spes: "Im Innern seines Gewissens entdeckt der Mensch ein Gesetz, das er sich nicht selbst gibt, sondern dem er gehorchen muß und dessen Stimme ihn immer zur Liebe und zum Tun des Guten und zur Unterlassung des Bösen anruft und, wo nötig, in den Ohren des Herzens tönt: Tu dies, meide jenes. Denn der Mensch hat ein Gesetz, das von Gott seinem Herzen eingeschrieben ist, dem zu gehorchen eben seine Würde ist und gemäß dem er gerichtet werden wird. Das Gewissen ist die verborgenste Mitte und das Heiligtum im Menschen, wo er allein ist mit Gott, dessen Stimme in diesem seinem Innersten zu hören ist. Im Gewissen erkennt man in wunderbarer Weise jenes Gesetz, das in der Liebe zu Gott und dem Nächsten seine Erfüllung hat. Durch die Treue zum Gewissen sind die Christen mit den übrigen Menschen verbunden im Suchen nach der Wahrheit und zur wahrheitsgemäßen Lösung all der vielen moralischen Probleme, die im Leben der Einzelnen wie im gesellschaftlichen Zusammenleben entstehen. Je mehr also das rechte Gewissen sich durchsetzt, desto mehr lassen die Personen und Gruppen von der blinden Willkür ab und suchen sich nach den objektiven Normen der Sittlichkeit zu richten."

Dieses Gewissen ist jene Urkraft, die es zu mobilisieren gilt, wenn es darum geht, die Spannung zwischen Politik und Moral zu überbrücken, zu verringern und fruchtbar zu gestalten. Diesem seinem Gewissen muß der Mensch nach christlicher Überzeugung unbedingt Folge leisten, wenn er sein Heil erlangen will, wobei der Mensch verpflichtet ist, sein Gewissen nach besten Kräften zu bilden, zu informieren und zu kultivieren. Zu diesem seinem Heiligtum, wie das Gewissen in der oben zitierten Pastoralkonstitution genannt wird, muß der Mensch immer wieder sozusagen eine "Wallfahrt" unternehmen, um *Besinnung und Umkehr* auch in der Politik zu bewerkstelligen. Gerade auf dem Feld der Politik, wo so folgenschwere Entscheidungen für das Schicksal der Menschen getroffen werden, scheinen solche Besinnungen auf die Stimme und den Spruch des Gewissens besonders vonnöten zu sein. Für die im Streß und in der Hektik des politischen Alltags den Überblick, das Eigentliche und das Wesentliche aus dem Auge zu verlieren drohenden Politiker hat daher J. *Messner* einmal gemeint, man sollte ihnen wöchentlich einen ganzen oder wenigstens einen halben Tag innerer Einkehr verordnen. Daß eine Empfehlung dieser Art manches für sich hat, versteht man, wenn man den Verschleiß des Gewissens in der Politik näher bedenkt und an den Wahrheitsgehalt der eingangs dieser Studie zitierten Teilüberschrift von L. *Bossle* denkt: "Die Politik - ein Seinsbereich der Gewissenlosigkeit"[45]. Man muß dabei an die verheerenden "Früchte" einer Politik denken, die sich sozusagen programmatisch zu einer Politik ohne Gewissen bekannte, wenn z. B. *Hitler* einmal sagte: "Ich befreie den Menschen von dem Zwange eines Selbstzweck gewordenen Geistes; von den schmutzigen und erniedrigenden Selbstpeinigungen einer Gewissen und Moral genannten Chimäre und von den Ansprüchen einer Freiheit und persönlichen Selbständigkeit, denen immer nur ganz wenige gewachsen sein können"[46]; und sein Stellvertreter H. *Göring* äußerte: "Ich habe kein Gewissen!

Mein Gewissen heißt Adolf Hitler."[47] Man muß neben den ungeheuren und unzähligen Greueln und Verbrechen der politischen Geschichte als böser Frucht der Gewissenlosigkeit auch an die ständig wiederkehrenden Skandale in der großen und kleinen Politik der Gegenwart denken, wo man sich immer wieder mit Recht fragt: "Haben denn diese Leute kein Gewissen?" A. *Klose* hat daher seiner politischen Ethik mit Recht den Titel: "Gewissen in der Politik" gegeben.[48]

Bevor weiter gefragt wird nach Möglichkeiten, der Stimme des Gewissens in der Politik Gehör zu verschaffen, müssen noch theoretische und praktische Einwände gegen das Gewissen geklärt werden: im Bereich des Theoretischen die psychoanalytischen und die marxistischen "Glaubensansichten" bzw. "Weltanschauungen" über das Gewissen, im Bereich des Praktischen die mißbräuchliche Berufung auf das Gewissen. Nach der *Freudschen Psychoanalyse* stellt das Gewissen als Über-Ich ein im Kindesalter dem Unterbewußten eingepflanztes, gesellschaftliches Normensystem dar, nach dem *Marxschen dialektischen Materialismus* gehört das Gewissen zum ideologischen Überbau des gesellschaftlich-wirtschaftlichen Produktionsprozesses, sodaß das Gewissen nach beiden Theorien, wie Max *Scheler* es ausdrückte, "die introjizierte Polizei"[49] wäre. Dagegen ist vor allem die Tatsache einzuwenden, daß sich Menschen immer wieder als einzelne und in Gruppen in Berufung auf den Freiheits- und Gerechtigkeitsruf ihres Gewissens gegen herrschende Normen und Verhaltensmuster zur Wehr setzten und setzen, daß weiters eines der ersten Menschenrechte, nämlich das der Gewissens- und Religionsfreiheit, mit dem Blut der Märtyrer erkauft wurde und daß sich allem Wechsel und Wandel geschichtlicher Entwicklungen zum Trotz ein mit dem Gewissen engstens verbundener Grundwert der Weltgesellschaft herausgebildet hat, nämlich die *Menschenwürde*. Sicher kann sich unter dem Begriff des Gewissens manches einschleichen, was zum gesellschaftlichen Über-Ich und Überbau gehört, besonders hinsichtlich der konkreten Prägung und Ausformung des Gewissensspruches. Das ändert aber nichts daran, "daß das Gewissen die metaphysische Urtatsache ist, durch die der Mensch sich über sich selbst hinausgewiesen sieht"[50], und daß diese metaphysische Urtatsache durch richtige Bildung und Formung in Ausrichtung auf die Ideen der Gerechtigkeit und der Freiheit einen unverzichtbaren - auch - politischen Beitrag zur Gestaltung eines menschenwürdigen Lebens und einer menschenwürdigen Gesellschaft zu leisten vermag. Daran ändert auch das andere, mehr im Bereich des Praktischen erwähnte Bedenken der mißbräuchlichen Berufung auf das Gewissen im Prinzip nichts. Das Gewissen kann im Sinne des erkenntnisleitenden Interesses egoistisch unterwandert sein, es kann "zum Prinzip des absolut gesetzten subjektiven Eigensinns"[51] werden, man kann durch ständige Berufung auf das Gewissen das Große mißbrauchen, "wenn man es voreilig auf den Plan ruft"[52], und J. *Ratzinger* hat auch recht, wenn er sagt: "Wer allzu leicht das Gewissen im Munde führt, macht sich ähnlich verdächtig wie derjenige, der den heiligen Namen Gottes ins Gewöhnliche herabzerrt und damit Götzen- statt Gottesdienst treibt."[53] Aber auch hier gilt der alte Satz christlicher Moraltheologie: abusus non tollit usum (der Mißbrauch hebt den ordentlichen Gebrauch nicht auf) oder mit J. *Ratzinger* gesprochen: "Aber die Verletzbarkeit des Gewissens, die Möglichkeit seines Mißbrauchs, kann seine Größe nicht aufheben."[54]

Nun zu der Frage nach den Möglichkeiten, der Stimme des Gewissens in der Politik eine Chance zu geben. Dazu ist vieles erforderlich. Einiges davon soll im folgenden angeführt werden:

1. Soll dem Gewissen in der Politik eine Chance und eine Stimme gegeben werden, muß zunächst in der Erziehung allgemein und in der sozialethischen Bildung speziell auf breiter Basis die *Erziehung zur Gewissenstreue und Gewissensverantwortung,* eben zur Gewissenhaftigkeit erfolgen. Dazu sind in erster Linie die Eltern, Religionsgemeinschaften und Weltanschauungsgruppen, dann aber auch die Lehrer berufen. In solcher Erziehung zum Gewissen kann innerhalb der Sinnvermittlung auch der Sinn politischer Verantwortung und politischen Engagements aufgezeigt werden, aus der Perspektive eines allgemein-humanen Ethos solche Betätigung als wichtiger Beitrag für eine menschenwürdige Gesellschaft, eben für

eine bessere Welt, dargelegt werden, in speziell christlicher Sicht können politische Verantwortung und politisches Engagement als wichtige Dienste der Nächstenliebe und als Aufbau des Reiches Gottes als eines Reiches der Gerechtigkeit, der Liebe und des Friedens beleuchtet werden.

2. Erziehung zum Gewissen allgemein und zum politischen Gewissen speziell bedeutet auch *Ermutigung zum Gewissen*. Dies ist aus vielerlei Gründen wichtig; auch deshalb, weil sich sonst in unserer Gesellschaft allzuleicht die Schweigespirale zu drehen beginnt und die soziale Falle "Der fehlende Held" zu greifen droht. Diese beiden Phänomene sollen etwas näher beschrieben werden.

Die Leiterin des Allensbacher Instituts für Demoskopie, E. *Noelle-Neumann* veröffentlichte 1980 ein Buch mit dem Titel "Die Schweigespirale". Wie sie zu dieser Hypothese der Schweigespirale kam, beschreibt sie in diesem Buch so: "Die Hypothese verdankte ich in erster Linie den Studentenunruhen am Ende der 60er und Anfang der 70er Jahre; vielleicht ganz besonders einer bestimmten Studentin.

Ich traf sie eines Tages im Vorraum vor dem Hörsaal mit einem CDU-Abzeichen am Jackenaufschlag. 'Ich wußte gar nicht, daß Sie CDU sind', sagte ich zu ihr. 'Bin ich auch nicht', antwortete sie. 'Ich habe das Abzeichen nur einmal angesteckt, um zu sehen, wie das ist...' Mittags traf ich sie wieder. Ohne Abzeichen. Ich erkundigte mich. 'Ja', sagt sie, 'ich habe es abgemacht, es war zu furchtbar!'"[55]

Die Studentin wollte erfahren, wie die Leute reagieren, wenn sie ein CDU-Abzeichen trägt. Öffentlich trug man damals SPD-Abzeichen. Mag das wirkliche Kräfteverhältnis auch ausgeglichen gewesen sein, in der Öffentlichkeit dominierte damals mit Energie, Begeisterung und Bekenntniskraft die SPD mit ihrer neuen Ostpolitik. So wurde das Kräfteverhältnis von der Bevölkerung falsch eingeschätzt. *Noelle-Neumann* fährt fort: "Und nun entwickelte sich eine eigentümliche Dynamik. Wer von der neuen Ostpolitik überzeugt war, spürte, wie das, was er dachte, von allen gebilligt wurde. Und also äußerte er sich laut und voll Selbstvertrauen und zeigte seine Ansichten; diejenigen, die die neue Ostpolitik ablehnten, fühlten sich allein gelassen, zogen sich zurück, verfielen in Schweigen. Und eben dieses Verhalten trug dazu bei, daß die ersteren stärker schienen, als sie wirklich waren, und die letzteren schwächer. Diese Beobachtungen in ihrem Umkreis veranlaßten wieder andere, sich laut zu bekennen oder ihre Ansichten herunterzuschlucken und zu schweigen, bis wie in einem Spiralprozeß die einen öffentlich ganz dominierten und die anderen aus dem öffentlichen Bild völlig verschwunden und 'mundtot' waren. Das also ist der Vorgang, den man als 'Schweigespirale' bezeichnen kann."[56]

Gewisses ist in einer Gesellschaft "in" und kann gezeigt werden, findet somit auch genug Anwälte in der Öffentlichkeit, anderes wird, obwohl vielleicht von weiteren Gesellschaftskreisen bejaht, totgeschwiegen. So wird das eine immer stärker, das andere immer schwächer, weil man einfach als altmodisch abgestempelt wird, sollte man gewisse Auffassungen vertreten. Das alles bewegt sich spiralenförmig fort. Dadurch entsteht in der Öffentlichkeit ein *verzerrtes Bild* der Wirklichkeit. *Noelle-Neumann* findet Hinweise für diese Theorie der Schweigespirale bei A. de *Tocqueville,* der beschreibt, wie die Religionsverachtung unter den Franzosen des 18.Jahrhunderts eine allgemeine und herrschende Leidenschaft geworden sei. Eine wesentliche Ursache sei das Verstummen der Kirche gewesen. *Tocqueville* wörtlich: "Leute, die noch am alten Glauben festhielten, fürchteten die einzigen zu sein, die ihm treu blieben, und da sie die Absonderung mehr als den Irrthum fürchteten, so gesellten sie sich zu der Menge, ohne wie diese zu denken. Was nur die Ansicht eines Theiles der Nation noch war, schien auf solche Weise die Meinung Aller zu sein und dünkte eben deßhalb diejenigen unwiderstehlich, die ihr diesen trügerischen Anschein gaben."[57]

Das Phänomen, das also zum Verstummen der einen Idee oder Partei führt, ist die *Isolationsfurcht* des Individuums. Innerhalb einer Gruppe oder eines anderen Sozialgebildes richtet sich das Individuum nach der im Sozialgebilde herrschenden Meinung aus, um sich den Halt durch die Gruppe zu sichern. Es gibt also den sogenannten Bandwagon-, den *Mitläufereffekt,* der die Individuen mit der lautstärker vertretenen Idee mitlaufen läßt.

In den Anfang der fünfziger Jahre vom Sozialpsychologen S. *Asch*[58] durchgeführten Experimenten zeigt sich die Stärke des Mitläufereffekts. Obwohl drei den Versuchspersonen vorgelegte Linien sich in der Länge deutlich unterschieden und die der Musterlinie in der Länge entsprechende ohne weiteres auszumachen war und auch erkannt wurde, schlossen sich Versuchspersonen unter dem Druck der Meinung der Majorität, die eine falsche Linie, nicht die übereinstimmende, als die richtige angab, dieser an. Auch wenn sie keinen Zweifel daran haben können, daß die Meinung der Majorität falsch ist, schließen sich viele dennoch dieser Meinung an, um nicht isoliert zu werden. Viele Menschen scheinen also nicht zu Helden ihrer Überzeugung geboren zu sein, viele fallen unter dem Druck der Mehrheit um. Das Individuum erträgt es oft nicht, in Dissonanz zu leben. Wie L. *Festinger*[59] mit seinem Theorem der *kognitiven Dissonanz* zeigt, will der Mensch intrapersonelle Dissonanzen ausgleichen. Gleiches dürfte auch für den interpersonellen Bereich zutreffen. Leute, die eine Überzeugung haben und dabei den Druck einer Mehrheit, die anderer Meinung ist, nicht fürchten, sind offenbar selten.

Der Prozeß der Schweigespirale ist aber sehr gefährlich, besonders auch in der Politik, denn allzuleicht geraten die wahren Interessen eines Sozialgebildes ins Hintertreffen, weil es nicht opportun ist, sie zu vertreten. Die *öffentliche Meinung,* die ja nicht immer mit der veröffentlichten übereinstimmen muß, von dieser aber entscheidend gelenkt wird, ist nur zu leicht manipulierbar und für kurzfristige Interessen einspannbar. Auf der anderen Seite entstehen Redeverbote und Tabuisierungen, oft gerade von Leuten, die früher gegen Tabus angerannt sind. Es bedarf also gerade in Demokratien solcher Menschen, die diesen Prozeß der Schweigespirale zu durchbrechen bereit sind. Damit sind wir bei der Besprechung der zweiten oben erwähnten Gefahrenstelle angelangt, der sozialen Falle des *"fehlenden Helden".*[60] Diese soziale Falle läßt sich positiv durch folgende Erzählung illustrieren:

In der Schlacht bei Sempach standen einander die schwerbewaffneten Österreicher und ein bunt zusammengewürfelter Haufen Schweizer gegenüber. Die Schweizer waren offenbar chancenlos, Schritt für Schritt wurden sie zurückgedrängt. Da rief nach der Sage *Arnold v. Winkelried:* "Der Freiheit eine Gasse!" und stürmte mit diesen Worten zur Phalanx des Feindes vor. Sofort richteten sich die eingelegten Lanzen gegen ihn und bohrten sich in seine Brust. Dadurch aber wurde für die nachrückenden Schweizer eine Lücke geschaffen, durch die sie einbrechen konnten, um die plumpen Ritter von hinten vom Pferd zu ziehen.

Was besagt nun diese Geschichte und die durch diese Geschichte illustrierte soziale Falle vom "fehlenden Helden"? (Mit dieser Erzählung einer Schlacht soll selbstverständlich nicht für den Krieg geworben werden.) Der einzelne handelt rational, wenn er sich nicht opfert. Es opfert sich keiner, die "Schlacht" ist verloren, und wahrscheinlich kommen dann viele ums Leben, der genannte einzelne eingeschlossen. Das Notwendige bleibt oft *ungetan,* weil es vom Opferwillen und der Initiative des einzelnen abhängt. Anders ausgedrückt: Das Notwendige bleibt oft ungetan, wenn es von einem einzelnen getragen werden muß. Jeder stellt sich - und vom individuellen Standpunkt aus zu Recht - die Frage: Warum gerade ich? Auf die Politik angewandt, bedeutet das: Es kommt darauf an, daß die Werte und die Regeln der Demokratie mit Konsequenz verteidigt und gelebt werden. Diese Aufgabe kann nicht an andere delegiert werden. Der einzelne und möglichst viele einzelne müssen bereit sein, dafür einen entsprechenden Preis zu zahlen.

Im Zusammenhang mit der Schweigespirale bedeutet das, daß es mutiger einzelner bedarf, die bereit sind, die Furcht vor der Mehrheit zu überwinden und tabuisierte Themen aufs Tapet zu bringen. Ist die Schweigespirale einmal durchbrochen, so finden sich bald andere, die dem "Helden" folgen, wie die Erfahrung zeigt. Die Politik braucht mutige Menschen, die zu ihrem Gewissen stehen, die ihren Gewissensspruch kundzutun wagen und auch danach leben. Um es mit einem Ausdruck von M. *Prisching*[61] zu sagen: Es bedarf der "Politikcourage".

In der Erziehung zum *mutigen* Gewissen wird es in diesem Zusammenhang auch wichtig sein, in den Helden, Heiligen und Märtyrern der Geschichte leuchtende Beispiele des prophetischen und des leidenden Gewissens aufleuchten zu lassen, des *prophetischen* Gewissens, "das an die Macht der Mächtigen rüttelt, das Recht der Entrechteten aufrichtet... und nicht aufhört, die Ruhe derer zu stören, deren Macht auf Kosten des Rechtes der anderen geht"[62], und des *leidenden* Gewissens, das Zeugnis dafür ist, daß Unrecht am Ende nur durch Leiden überwunden werden kann, "durch das freiwillige Leiden derer, die ihrem Gewissen treu bleiben und damit das Ende aller Macht real in ihrem Leid und in ihrer ganzen Existenz bezeugen"[63], wie es J. *Ratzinger* ausdrückt.

3. Der Sicherung und Förderung der Gewissensfreiheit und Gewissensverantwortung in der Politik will auch der *Schutz der Gewissensfreiheit der Abgeordneten* durch die Verfassung dienen, wie dies z. B. in Art. 38 des Bonner Grundgesetzes oder in Art. 56 des Österreichischen Bundesverfassungsgesetzes geregelt ist, wobei im ersten Beispielsfall das Gewissen eigens genannt ist, im zweiten Beispielsfall im sogenannten freien Mandat die Gewissensfreiheit indirekt inkludiert ist. Art. 38, Abs. 1 GG lautet: "Die Abgeordneten des Deutschen Bundestages werden in allgemeiner, unmittelbarer, freier, gleicher und geheimer Wahl gewählt. Sie sind Vertreter des ganzen Volkes, an Aufträge und Weisungen nicht gebunden und nur ihrem Gewissen unterworfen"[64]. Art. 56 BVG lautet: "Die Mitglieder des Nationalrates und die Mitglieder des Bundesrates sind bei der Ausübung dieses Berufes an keinen Auftrag gebunden."[65]
Der Abgeordnete ist immer wieder einem *starken Druck* seiner Partei, diverser Interessengruppen und dem Druck der Sorge um die Erhaltung der Wählerstimmen ausgesetzt, insgesamt also einem Druck, unter dem die Stimme seines Gewissens mit der die Partikularinteressen übersteigenden Gemeinwohlverantwortung zu kurz zu kommen droht. Das verfassungsmäßig verankerte *freie Mandat* will solchem Druck entgegenwirken. Allerdings zeigt die Erfahrung, daß der Klubzwang und andere mehr oder weniger grobe und feine Druckmechanismen den Sinn dieser Verfassungs-

regelung ganz oder teilweise aushöhlen können. Es bleibt aber die Hoffnung auf mutige Politikerpersönlichkeiten, die eher bereit sind, auf Sesselklebekarrieren zu verzichten, als ihrem Gewissen untreu zu werden. Die Chance des Gewissens und der Verringerung der Spannung zwischen Erfolg und Gewissen steigt, wenn im Kontext der verfassungsmäßigen und anderer Sicherungen der Gewissensfreiheit der *reife und mündige Bürger* vor allem als Wähler die Gewissensverantwortung seiner Abgeordneten honoriert.

Nur möglichst viele ihrem Gewissen verantwortliche Abgeordnete rechtfertigen es übrigens letztlich, von der Würde des Parlaments zu sprechen. J. *Messner* sagt mit Recht: "Denn wenn die Mehrheit der Abgeordneten nur aktiv werden [!] bei Abstimmungen zur Gutheißung von Beschlüssen, die in engsten Ausschüssen von Parteien oder Parteikoalitionen oder im vorparlamentarischen Raum in Gremien der Interessenmächte gefaßt werden, ist der Gesetzgeber in der freiheitlichen Demokratie, das Parlament, nicht nur seiner Funktion, sondern auch seiner Würde beraubt. Wenn es eine solche Würde besitzt, kann sie ihren Grund nur im Gewissen haben. Entwürdigt ist aber auch die Menge der Abgeordneten, die nur noch als 'Stimmvieh' (Max Weber) zählen und denen der Verzicht auf ihr eigenes Sach- und Gewissensurteil zugemutet wird."[66]

4. Wer sich im politischen Leben auf das Gewissen berufen will bzw. beruft, muß sich vor allem darum bemühen, durch das *Zeugnis seiner Taten* und vor allem durch das *Zeugnis der Übereinstimmung bzw. Korrespondenz von Worten und Taten* glaubwürdig zu sein und zu bleiben. Er darf auch nicht seine Gewissensanforderungen in Immunisierungsstrategien verbergen, sondern muß bereit sein, seine Gewissensgründe "in den Prozeß rational-kommunikativer Auseinandersetzung einzubringen"[67], wie es B. *Sutor* ausdrückt.

5. Dem Gewissen in der Politik können schließlich auch die *Massenmedien* als die wichtigsten Artikulatoren der öffentlichen Meinung und *Einzelpersönlichkeiten* als moralische Autoritäten Geltung verschaffen. Allerdings dürfen solche Massenmedien kei-

nen Boulevard- und Anbiederungsjournalismus betreiben, dürfen sich nicht um jeden Preis einem jeden Geschmack eines jeden Publikums anpassen und verkaufen, sondern müssen verantwortungsbewußt, journalistisch gekonnt, politisch sach- und ethisch wertrichtig den Gerechtigkeits-, Freiheits- und Friedenssinn der Menschen ansprechen und mobilisieren, anstatt mit den Instinkten der Masse zu spekulieren.

Was die erwähnten Einzelpersönlichkeiten betrifft, so ist dabei an Persönlichkeiten gedacht, die nicht nur als staatsrechtlich oder kirchenrechtlich verankerte Autoritäten, sondern darüber hinaus als moralische Autoritäten Ansehen genießen und ihre Stimme der Kritik, der Mahnung und der aufmunternden Besinnung auf ethische Werte erheben. So fand z. B. der ehemalige österreichische Bundespräsident Rudolf *Kirchschläger* Gehör, als er von der Notwendigkeit sprach, moralische Sümpfe trocken zu legen; ebenso war es beim ehemaligen Erzbischof von Wien, Kardinal Franz *König*, dessen Neujahrsansprachen mit ihrem Aufruf zur Besinnung und zum Gemeinsinn in der Politik allgemein ernstgenommen und akzeptiert wurden.

Gelingt es, auf die in den hier angeführten Punkten aufgezeigte oder andere Art und Weise dem Anliegen und der Stimme des Gewissens in der Politik Gehör und Geltung zu verschaffen, so kann auch die Spannung zwischen dem Streben nach Erfolg und der Treue zum Gewissen zugunsten einer *moral- und damit menschengerechten* und menschenwürdigen Politik gestaltet werden. Damit eröffnet sich auch der Zugang zur Antwort auf die oben artikulierte Frage, wonach der Erfolg in der Politik zu bewerten und mit welchen Mitteln er anzustreben sei. Die *Bewertung des Erfolgs* und der Mittel zum Erfolg muß nach jenen grundlegenden Werten erfolgen, nach welchen sich auch das Gewissen zu orientieren und zu bilden hat: nämlich nach den grundlegenden Werten einer menschengerechten, menschenwürdigen und damit humanen Ethik. An solchen grundlegenden ethischen bzw. ethisch-bedeutsamen Werten ist besonders hervorzuheben: die *Personwürde* des Menschen mit dem Verbot, den Menschen als Mittel zum Zweck zu gebrauchen. Sodann lassen sich aus diesem zentralen Grundwert der menschlichen Person weitere Grundwerte ableiten, entweder als wesentliche Elemente dieses zentralen Grundwertes oder als Instrumente zur Realisierung desselben, und zwar: Freiheit; Gerechtigkeit; Liebe; Wahrheit; Friede; Redlichkeit; Treue; Toleranz; Transzendenzbezogenheit bzw. Transzendenzoffenheit; Gemeinwohl; Solidarität; Subsidiarität; Ehe; Familie; Staat; Religionsgemeinschaft und nicht zuletzt die Bewahrung der Schöpfung. Mit dieser Ableitung des Wertes der Bewahrung der Schöpfung aus dem Grundwert der Personwürde ist natürlich nicht gesagt, daß die Schöpfung ihren Wert nur aus dem Zusammenhang mit der Person bezieht, vielmehr kommt ihr auch ein Eigenwert zu.

Im Blick auf diese Grundwerte lassen sich dann *ethische Normen und Tugenden menschenwürdigen Zusammenlebens* formulieren, wobei aufgrund unterschiedlicher dahinterliegender Sinnkonstruktion, Weltanschauung oder Religion unterschiedliche Konkretisierungen und Akzentuierungen erfolgen können. Die solchen Werten und Normen entsprechende Haltung auf seiten des einzelnen drückt sich in der Tugend aus, die es gerade heutzutage in der Politik - aber nicht nur dafür und dort - zu rehabilitieren und zu mobilisieren gilt. Auch in der wertpluralen und säkularisierten Gesellschaft bilden sich Konstanten und Gemeinsamkeiten an ethischen Werten, Normen und Tugenden heraus, welche als Orientierung und Maßstab der Politik gelten können. Beim Erfolg in der Politik ist dann stets zu fragen, wieweit ein solcher Erfolg den genannten Werten, Normen und Tugenden entspricht bzw. gerecht wird und inwieweit der Weg zu solchem Erfolg solche Werte, Normen und Tugenden nicht nur nicht verletzt, sondern sie sogar fördert.

Heiligt der Zweck die Mittel?

Im Spannungsfeld von Erfolg und Gewissen stellt sich auch die uralte Frage, ob der Zweck die Mittel heilige. Nicht erst seit *Machiavelli*[68] mit seiner Idee der Staatsraison als des moralfreien erfolgsbezogenen Zweck-Mittel-Kalküls im Interesse des Staates ist in der Geschichte eine gewisse Tendenz oder zumindest die Versuchung festzustellen, für die Politik *Moralfreiheit* oder zumindest eine *Sondermoral* zu beanspruchen. Solches gibt es immer wieder, auch heutzutage. Der Grund für solche Tendenzen bzw. Versuchungen liegt dabei gar nicht einfach in der Machtgier der Staatsmänner oder der Unmoral der Politiker, sondern ist in einem gewissen Sinn und Ausmaß mit der Begrenztheit menschlicher Existenz und menschlicher Möglichkeiten mitgegeben. Max *Weber* stellt mit Recht fest: "Keine Ethik der Welt kommt um die Tatsache herum, daß die Erreichung 'guter' Zwecke in zahlreichen Fällen daran gebunden ist, daß man sittlich bedenkliche oder mindestens gefährliche Mittel und die Möglichkeit oder auch die Wahrscheinlichkeit übler Nebenerfolge mit in den Kauf nimmt...".[69] Die oben gestellte Frage, ob der Zweck die Mittel heilige, muß demnach präzisiert werden, ähnlich, wie dies auch bei Max *Weber* geschieht, wenn er in der Fortführung des obigen Zitats die allerdings pessimistische Variante der Antwort auf diese Frage gibt: "Und keine Ethik der Welt kann ergeben, wann und in welchem Umfang der ethisch gute Zweck die ethisch gefährlichen Mittel und Nebenerfolge heiligt."[70]
Es dürfte also klar sein, daß nicht jedes Übel verursachende Mittel zur Erreichung eines guten Zweckes sittlich verboten ist, aber auch, daß nicht jedes Übel verursachende Mittel zur Erreichung eines guten Zweckes sittlich erlaubt ist. Die Frage lautet also, *unter welchen Bedingungen welche Übel bereitenden Mittel* zur Erreichung *welcher guter Zwecke* erlaubt sind und wann und wo nicht. Dazu ist folgendes festzuhalten:

1. Der 1668 verstorbene Jesuit *Busenbaum* hat in seiner Medulla theologica moralis den Satz formuliert: "Cum finis est licitus, etiam media sunt licita" (Wenn der Zweck erlaubt ist, sind auch die Mittel

erlaubt).[71] Dieser Satz kann, besonders wenn er aus dem Zusammenhang gerissen wird, zu der hier nicht gemeinten Ansicht verleiten, der gute Zweck heilige auch die schlechten Mittel, was zu einem diesbezüglichen Vorwurf gegen die Jesuitenmoral führte. *Busenbaum* hat aber hiemit offensichtlich nur die an sich richtige Auffassung ausdrücken wollen: "Wenn ein Zweck erlaubt ist, dann muß es auch (irgendwelche) erlaubte Mittel zu ihm geben."

2. Die Antwort auf die hier gestellte Frage hängt auch davon ab, ob man die *teleologische* oder die *deontologische* Position der Ethik vertritt und damit zusammenhängend davon, welche Position man in der Frage der "absolut in sich schlechten Handlung" einnimmt. Als teleologisch kann man mit F. *Böckle* jene ethische Theorie bezeichnen, "die besagt, *alle* Handlungen müßten *ausschließlich* von ihren Folgen her sittlich beurteilt werden."[72] Als deontologisch hingegen kann man mit demselben Autor von jener ethischen Theorie sprechen, "die behauptet, *nicht alle* Handlungen seien ausschließlich durch ihre Folgen sittlich bestimmt"[73], sodaß es Handlungen gibt, die unabhängig von möglichen Umständen in sich selbst sittenwidrig sind, gleichgültig, welche Folgen damit verbunden sind, wiewohl diese Theorie nicht ausschließt, daß manche Handlungen teleologisch beurteilt werden müssen. Da jeder geschaffene Wert bedingt ist, kann es nach F. *Böckle* für die teleologische Richtung "im Bereich des zwischenmenschlichen Handelns keine Akte geben, von denen man sagen könnte, sie seien unabhängig von allen Bedingungen (Umständen, Motiven) a priori in sich immer und ausnahmslos schlecht."[74] Danach gibt es keine absolut in sich schlechte Handlungen. Gegenbeispiele lassen sich nach F. *Böckle* sehr leicht auf analytische Urteile reduzieren, weil "der widersittliche Aspekt ins Urteil eingebracht wurde."[75]

Freilich darf der Gegensatz zwischen diesen beiden Typen ethischer Theorie *nicht überzogen* werden. Denn einerseits beurteilt auch der Deontologe die Folgen, andrerseits braucht auch der Teleologe für die Beurteilung der Folgen etwas von den Folgen Unabhängiges, also etwas Quasi-Deontologisches, ein gewisses

Wertapriori, d. h. eine auf der Basis von Werten getroffene, grundlegende Vorentscheidung, als Maß. Deontologen und Teleologen werden sich bei der Beurteilung der sittlichen Qualität der einzelnen Handlungen vor allem dann annähern, wenn der Teleologe die langfristigen Folgen der Handlungen besonders ernst nimmt und wenn er sich bei der Gewichtung der auf dem Spiel stehenden Güter und Werte von essentiellen Gesichtspunkten leiten läßt.

3. Bedenkt man, daß besonders in der Politik die Mittel in einer Art Eigendynamik leicht korrumpieren, wird man zur *Strenge* bei der Qualifikation der zulässigen Mittel der Politik tendieren. Freilich wird man auch bedenken müssen, daß Überstrenge die Menschen überfordern und zum Gegenteil des ursprünglich Beabsichtigten führen kann, indem nämlich infolge Überstrenge aufgrund einer Engpaßsituation und wirklicher oder vermeintlicher Ausweglosigkeit ethische Überlegungen insgesamt über Bord geworfen werden.

4. Bei der Frage der Zulässigkeit der Mittel zur Erreichung bestimmter Ziele wird es auch notwendig sein, die sittliche Qualität und die Notwendigkeit des Zieles, die Geeignetheit der dafür in Frage kommenden Mittel und die sittliche Qualität solcher Mittel zu klären. Bei Mitteln, welche die Inkaufnahme bestimmter Übel bedeuten, wird man vor allem klären müssen, wieweit solche Mittel samt Übeln *unabdingbar* sind, und ob das betreffende gute Ziel nicht ebenso gut mit *milderen, weniger Übel bereitenden Mitteln* erreicht werden kann.

5. Zur Beurteilung bestimmter Konfliktsituationen menschlichen Handelns hat die katholische Moraltheologie das *Prinzip der Doppelwirkung* entwickelt, wonach die Inkaufnahme eines bestimmten Übels, das zur Erreichung eines notwendigen Guten unabdingbar ist, unter folgenden vier Bedingungen gerechtfertigt bzw. tolerierbar ist:

“1. Die Handlung, aus der sich die schlechte Folge ergibt, muß an sich gut oder indifferent, sie darf nicht sittlich schlecht sein.

2. Die Absicht beim Handeln muß gut sein, d. h., die schlechte Folge darf nicht intendiert werden.

3. Die schlechte Folge muß sich ebenso unmittelbar ergeben wie die gute Wirkung, denn sonst wäre sie ein Mittel zur guten Wirkung und somit intendiert.

4. Es muß ein entsprechend schwerwiegender Grund vorliegen, um die schlechte Folge in Kauf zu nehmen."[76]

In dieser traditionellen Formulierung des Prinzips der Doppelwirkung spielt die Unterscheidung zwischen *direkt* und *indirekt* Gewolltem eine wesentliche Rolle. Diese Unterscheidung hat einiges für sich, auch für den Bereich der Politik, wo die gute Absicht bzw. die Ausrichtung auf das Gute im Dschungel der Machtkämpfe immer wieder nötig und wichtig ist. In der Wirklichkeit des Lebens, auch des politischen, werden die Grenzen zwischen direkt und indirekt Gewolltem aber oft fließend und problematisch, sodaß sich die Frage stellt, inwieweit man das alte Gebot: "Niemals direkt" ersetzen sollte durch die Neufassung "direkt aus angemessenem Grund"[77], wonach ein physisches Übel zur Ermöglichung eines übergeordneten Zieles aus einem berechtigten Grund direkt gewollt und verursacht werden darf.

6. Der seit Beginn der abendländischen Philosophie zu den ethischen Selbstverständlichkeiten zählende Satz, daß kein noch so guter Zweck ein schlechtes Mittel zu heiligen vermöge, muß mit R. *Ginters*[78] durch die Unterscheidung in *"sittlich gut bzw. schlecht"* und "*nicht-sittlich gut bzw. schlecht*" präzisiert werden. Dieser Satz ist dahingehend zu verstehen, daß weder ein sittlich noch ein nicht-sittlich guter Zweck ein sittlich schlechtes Mittel zu heiligen vermögen, daß aber wohl die Verursachung oder Hinnahme nicht-sittlicher Übel genau dann sittlich gerechtfertigt ist, wenn diese die unvermeidbaren Mittel zur Realisierung wichtigerer nicht-sittlicher Güter oder überhaupt eines gebotenen sittlichen Gutes darstellen. *Sittlich gut* ist dabei das, worauf es unbedingt ankommt,

sittlich schlecht das, was unbedingt zu vermeiden ist; *nicht-sittlich* gut ist das, worauf es nur bedingt ankommt, *nicht-sittlich* schlecht das, was nur bedingt zu vermeiden ist. So ist die Treue zum Gewissen ein sittliches Gut, weshalb die Politiker z. B. das Recht auf Wehrdienstverweigerung aus Gewissensgründen auch nicht um der größeren Schlagkraft des Heeres willen abschaffen oder unterhöhlen dürfen.

Mit dem Hinweis auf die Treue zum Gewissen, dieses zentrale sittliche Gut, sind wir auch verbal zum Grundgedanken der Überlegungen dieses Abschnitts zurückgekehrt, nämlich zum Spannungsfeld zwischen Gewissen und Erfolg in der Politik, eine Spannung, die auch im Verhältnis zwischen Ziel und Mitteln sichtbar wird. Die Wahrscheinlichkeit, daß auch in der Politik das Gewissen mit seiner Grundausrichtung auf die Idee des Guten mehr zum Tragen kommt, wird mit der Zahl jener steigen, die ihr informiertes, gebildetes und kultiviertes Gewissen zur subjektiv verbindlichen Norm ihres Handelns machen und damit den entscheidenden Beitrag dazu leisten, daß jenes gesellschaftliche *Klima der Gewissenhaftigkeit* entsteht, in welchem der politische Erfolg wesentlich nach den im wachen und gebildeten Gewissen sich zu Wort meldenden Werten gemessen wird.

4. Feindbilder - Brüderlichkeit

Das nächste Spannungsfeld zwischen Politik und Moral läßt sich mit der Formulierung umschreiben: In der Politik herrschen oft die Feindbilder vor, die Ethik bzw. die Moral, speziell die christliche, betont die Verpflichtung zur umfassenden Liebe, zur Geschwisterlichkeit und zum Frieden als zentralen politischen Imperativ.

Daß die Politik ein besonderes "Exerzierfeld" für *Feindbilder* verschiedenster Art ist, zeigt bereits ein Blick in die Geschichte der Staaten und ihrer internationalen Beziehungen als einer Geschichte voll von Kriegen mit ihren Tendenzen zur Bekämpfung und Vernichtung der Feinde. Aber auch eine Betrachtung der Aktivitäten kleinerer Gruppen als der Staaten zeigt häufig wirkliche und eingebildete Feinde, echte und ideologisch hochstilisierte Feindbilder. In internationalen Beziehungen wie auch bei Beziehungen zwischen Gruppen mittlerer oder geringerer Größe haben emotionalisierte Feindbilder die Funktion, den Zusammenhalt von Gruppen zu fördern und die Integration von Personen und Gruppen zu bewerkstelligen, die sich noch nicht voll mit der Gruppe und ihrer Ideologie identifiziert haben. Diesen Aspekt hat L. *Coser* treffend hervorgehoben, wenn er schrieb: "Solches 'Suchen nach dem äußeren Feind' (oder die Übertreibung der Gefahr, die ein vorhandener Gegner darstellt) dient nicht allein dazu, die Gruppenstruktur zu erhalten, sondern auch dazu, ihren Zusammenhalt zu stärken, wenn sie von einem Nachlassen der Energien und von Auflösung im Inneren bedroht ist. Die Schärfe des äußeren Konflikts belebt die Wachsamkeit der Mitglieder, entweder versöhnt sie divergierende Tendenzen oder führt zu gemeinsamem Handeln gegen die 'Abweichler'. Ein Nebenprodukt der 'Suche nach dem äußeren Feind' ist die Suche nach dem inneren Feind, wenn diese starren Strukturen eine Niederlage erleiden oder auf eine unerwartete größere Gefahr von außen treffen. Gruppen geben nicht gerne zu, daß Rückschläge im Konflikt mit Fremdgruppen der Stärke des Gegners zuzuschreiben sind, denn dies würde ein Eingeständnis ihrer eigenen Schwäche sein. Deshalb suchen sie in ihren eigenen Reihen nach einem 'Abweichler', der die Einheit störe und gemeinsames Handeln gegen den Feind verhindere."[79]

Auch die Experimente und Studien von M. *Sherif*[80] bestätigen die wichtige und häufige Rolle des Feindes bei der Einigung und Formung von Gruppen. Die Ergebnisse seiner Forschung interpretierend und weiterführend kann man feststellen, daß in erster Linie der gemeinsame Feind, in zweiter Linie die gemeinsame Not, in dritter Linie gemeinsame Interessen und erst in vierter Linie gemeinsame Werte und Symbole eine Gruppe zu einen und zusammenrücken zu lassen vermögen. Übrigens genügt bereits eine

Auffrischung der Erinnerung an Wahlkämpfe und an die Alltagspraxis der politischen Parteien, um die Politik als besonderes "Exerzierfeld" für Feindbilder zu erkennen.

Aber nicht nur die Beobachtung und Analyse der politischen Praxis von Staaten, politischen Parteien und anderen Gruppierungen erweist sich als sehr feind- und feindbildgeladen, auch im theoretischen Bereich der *Politikdefinition* fand bzw. findet der Feindaspekt der Politik seinen Niederschlag. So heißt es bekanntlich bei C. *Schmitt:* "Die spezifisch politische Unterscheidung, auf welche sich die politischen Handlungen und Motive zurückführen lassen, ist die Unterscheidung von *Freund* und *Feind.*"[81]

Dieser sich auch in der Theorie ausdrückende Realitätsbefund in puncto Feind und Feindbild steht in starkem Gegensatz zu Grundforderungen einer humanen und speziell der christlichen Ethik bzw. Moral, nämlich zur Verpflichtung zur Liebe, zur umfassenden Geschwisterlichkeit und zum Frieden. Dabei sind Feindorientierung und Feindfixierung dazu angetan, auch in der Politik eine Spirale der Inhumanität und der Dehumanisierung in Gang zu setzen und das Verbalbekenntnis vieler Politikerreden, es geschehe alles zum Wohl der Menschen, Lügen zu strafen. Das katastrophale Ende einer solchen Spirale soll an einer Witzelei illustriert werden, wobei ich an meinen Lehrer der Pastoraltheologie, Michael *Pfliegler,* denke, der einmal gesagt hatte, über einen Witz müsse man eher weinen als lachen, weil er eigentlich sehr oft viel Ernstes aussage.

Vor mehreren Jahren war ich kurz vor Weihnachten beim Österreichischen Rundfunk eingeladen, mit einigen anderen über das Thema: "Hat es auf Erden jemals Frieden gegeben?" zu diskutieren. Auf dem Weg zum Funkhaus witzelte ich mit einem Kollegen, der ebenfalls zur Diskussion geladen war, indem wir sagten: "Wir werden die Diskussion kurz machen, indem wir die Frage umfunktionieren und formulieren: Wird es auf Erden jemals Frieden geben? - und dann die Frage bejahen mit den Worten: Dann, wenn alle Feinde vernichtet sein werden."

Diese Witzelei drückt einen tiefen Ernst aus. Denn die Strategie "Friede durch Vernichtung aller Feinde" muß ja, wenn im Kampf jeder den anderen als Feind ansieht, zur Vernichtung aller am Konflikt Beteiligten führen, im Nuklearzeitalter mit der dichten Interdependenz letzten Endes zur Vernichtung der Menschheit. Die Tragik liegt dabei auch darin, daß im Kleinen wie im Großen mehr oder weniger bewußt oft eine solche Strategie des Friedens durch Vernichtung der Feinde vertreten wurde und immer noch vertreten wird, was mit ein Grund dafür ist, daß es auf Erden so wenig Frieden gegeben hat und immer noch gibt. Aber gerade von der Tragik der Logik einer solchen Strategie kann man zur Einsicht gelangen, daß eine humane, also menschenfreundliche und dem Wohl der Menschen dienende Politik anderer Leitbilder bedarf als der von *Freund und Feind*, eben der in der Moral artikulierten Leitwerte der *umfassenden Liebe,* der *umfassenden Brüderlichkeit* und des *umfassenden Friedens,* sodaß sich auch von daher die Politik als moralbedürftig und moralangewiesen erweist. Solche Leitwerte mögen angesichts der Realerfahrung der Alltagspolitik mit ihren vielen Zwängen als sehr hohe Forderungen erscheinen, die einer Übersetzung ins tägliche Politik-Kleingeld bedürfen, sie mögen als hohe Ideale erscheinen, denen man sich nur stufenweise annähern kann, aber gerade wegen der Dynamik der politischen Alltagspraxis mit ihrer Tendenz zur moralentkoppelten Eigengesetzlichkeit bedarf es einer deutlichen *Umkehrakzentuierung,* bedarf es auch entsprechender klarer Zeichen und Signale. Dabei darf angesichts dieses Spannungsfeldes und der anderen Spannungsfelder zwischen Politik und Moral nicht vergessen werden, was für eine Moral im allgemeinen gilt, wenn sie dem zwar erbsündigen, aber zum hohen Ziel berufenen Menschen eine hilfreiche Orientierung und Stütze sein will: daß zum Unmöglichen niemand verpflichtet sein kann; daß die ethischen Forderungen *zumutbar* und *sinnvoll* sein müssen; und daß Ethik auf dem Weg irdischer Pilgerschaft sehr oft eine *Notstandsethik* mit der Verpflichtung zum geringeren Übel bzw. zum *relativ* Besseren sein wird. In diesem Sinne ist ja oben die Ethik als hohe Zielethik mit realitätsgerechten Stufenimperativen angeklungen. Für den Bereich der Politik wird es im Blick auf das hier aufgezeigte Spannungsfeld wichtig sein, in einem mehrstufigen Prozeß den Begriff und das Bild des Feindes immer mehr durch den Begriff und das Bild des Gegners zu ersetzen.[82] Der Feind bedroht ja in totaler Weise die eigene Existenz, der Gegner gefährdet nur partiell das Eigene. Den Feind will man besiegen, vielfach sogar vernichten, mit dem Gegner schließt man eher einen *Kompromiß*. Allerdings muß man betonen, daß dieser Kompromiß nicht zu Lasten Dritter gehen darf. Der Gegner von heute wird leichter der Freund und Bruder von morgen als der Feind. Dem Gegner gegenüber ist es leichter und wahrscheinlicher, die für die Politik als ein Kampffeld so wichtigen Spielregeln der *Fairneß* einzuhalten.

Eine weitere stufenweise Annäherung und Entspannung vom Feindbild zum Leitbild der Geschwisterlichkeit besteht darin, daß man bereit ist, das *Gute* beim politischen Gegner *anzuerkennen* und die *Fehler* in den eigenen Reihen *zuzugeben*. Sehr oft betreiben politische Parteien eine Schwarz-Weiß-Malerei der Art, daß gute Regierungsarbeit oder gute Vorschläge der Opposition nur deswegen nicht anerkannt werden, weil sie von der Gegenpartei stammen, während die eigene Arbeit und die eigenen Vorschläge kritiklos gutgeheißen werden.

So wird viel Energie verpulvert und viele Chancen werden vertan, die dringend im Interesse einer Kooperation zum Wohle der Menschen genützt werden sollten. Politik sollte ein fairer Konkurrenzkampf zum Wohl der Polis, der politischen Gemeinschaft, sein und nicht zum ruinösen Wettbewerb im vermeintlichen Interesse der eigenen Partei entarten.

Zwecks Abbau der Spannung zwischen Feindbild und brüderlichem Leitbild wird es notwendig sein, daß solche Umkehrprozesse auf *möglichst vielen* Ebenen einzelmenschlicher, gesellschaftlicher, wirtschaftlicher und politischer Existenz in Gang gesetzt werden, weil Leitbilder und Verhaltensmuster auf der einen Ebene prägend und bestimmend wirken auf die anderen Ebenen. Es ist nicht sehr wahrscheinlich, daß sich Formen internationaler Brüderlichkeit entwickeln werden, wenn die Brüderlichkeit im nationalen und familialen Bereich keine besondere Attraktivität und Realisierung erfährt. Dies gilt übrigens auch bezüglich der anderen Formen des Abbaus der Spannungsfelder von Politik und Moral, so auch

z. B. bezüglich der noch zu diskutierenden Spannung zwischen Lüge und Wahrhaftigkeit. Wenn Lüge zur Alltagspraxis der meisten Menschen gehört, wird es nicht zu erwarten sein, daß sich Politiker als Helden der Wahrheit und Wahrhaftigkeit erweisen werden. Zuletzt noch eine Bemerkung zum möglicherweise aufsteigenden Bedenken, Brüderlichkeit als Leitbild der Politik wäre eine *Utopie*. Sie ist eine Utopie, aber eine schöpferische und positive. Den Skeptikern oder auch Gegnern solcher schöpferischer Realutopien muß die negative Utopie vor Augen geführt werden: eine Welt als Ergebnis der feindbildfixierten Politik, die mangels Solidarität und mangels Brüderlichkeit an ihren Feindbildern und Egoismen zugrundegeht. Es gilt auch im Kleinen in abgeleitetem Sinn, was angesichts der atomaren Bedrohung der Menschheit immer mehr deutlich wird: Die Menschen werden als Brüder in Frieden überleben, oder sie werden überhaupt nicht überleben. Brüderlichkeit ist in diesem Abschnitt selbstverständlich als Abkürzung für Brüderlichkeit und Schwesterlichkeit zu verstehen, wofür man auch den Terminus Geschwisterlichkeit gebrauchen kann.

5. Grenzmoral - Idealmoral

In der Politik bestimmt oft der Gegner die Gangart, dies führt oft zur Grenzmoral und zur Lizitierung der Moral nach unten.

Es war Götz *Briefs*[83], der in seiner Theorie der *Grenzmoral* die Dynamik der Moral nach unten samt der damit verbundenen moralischen Auflösung beschrieb. Darin zeigte er auf, daß in der Frühzeit des Kapitalismus die anständigen Unternehmer deshalb zugrunde gingen, weil die ausbeuterischen Unternehmer sich durch Unterbietung wirtschaftlich stärker machten und die sozial und anständig gesinnten Unternehmer in den wirtschaftlichen Bankrott trieben. Allgemein formuliert ist nach Götz *Briefs* mit Grenzmoral "das noch tolerierte, noch erträgliche Verhalten in zwischenmenschlichen Beziehungen gemeint, ein Verhalten, das noch innerhalb der in einem Lebenskreis geltenden Normen verbleibt."[84] Es ist also ein Verhalten, "dessen Motivation sich grundsätzlich an

der untersten möglichen Grenze des in einem bestimmten Kulturbereich Erlaubten orientiert."[85]
Im Rahmen einer Soziologie der Ethos-Formen läßt sich mit W. *Schöllgen* Grenzmoral als ein Verhalten definieren, "das durch Unterbieten gesellschaftlich geltender Normen bis an die 'Grenze' des Strafrechts eine Differentialchance erstrebt und Konkurrenten vor die Alternative von Mitmachen oder Untergang stellt."[86] Von Götz *Briefs* ursprünglich auf wirtschaftlichem Gebiet beobachtet, läßt sich das "Wirken" des Gesetzes mit dem geschilderten Schema der moralischen Zersetzung und Auflösung grundsätzlich in allen Lebensbereichen feststellen, nicht zuletzt auch auf dem Gebiet der Politik. Auch hier ist immer wieder der Druck zur Grenze und der Druck auf die Grenze am Werk, auch hier wird immer wieder probiert, ob die Grenzen der bisherigen Moral nicht weiter gesteckt werden könnten, auch hier vollzieht sich immer wieder ein Desintegrationsprozeß nach der Regel: "Wo die Prämie auf absinkendes Ethos steht, setzt sich ceteris paribus das niedere Ethos durch."[87]
Bedenkt man dabei und dazu noch das Lizitationsgewicht der "pressure groups" in der pluralistischen Gesellschaft und das konkurrenzierende Anbiedern der Boulevardmedien, kann man den Druck der Grenzmoral erahnen. Dabei ist mit W. *Schöllgen* etwas zu vermerken, was natürlich auch für die Politik gilt: "Der nach der Grenzmoral Handelnde lebt praktisch von der 'Anständigkeit' der übrigen, die sich nach den weiter verbreiteten strengeren ethischen Maßstäben und Traditionen richtet."[88] Auf die Korruption bezogen kann man formulieren: Auch der korrupte Politiker lebt von der Anständigkeit der anständigen Politiker und der anständigen Bürger.
Es erhebt sich nun die Frage, wie man diesem grenzmoralgeleiteten lizitierenden Sog der politischen Moral nach unten, wie man solcher Zersetzung und Auflösung der politischen Moral *gegensteuern* und *wirksam begegnen* kann. Folgende Gesichtspunkte und Strategien scheinen beachtenswert bzw. erfolgversprechend zu sein:

1. Zunächst muß im Bewußtsein möglichst vieler Menschen auf das Phänomen und die Wirkweise der Grenzmoral und vor allem auf

deren Schädlichkeit und Gefährlichkeit für das allgemeine Wohl und damit für das Wohl der einzelnen *aufmerksam gemacht* werden. Es muß bewußtseinsmäßig und bewußtseinspolitisch "der Grenzmoral" ihre *Attraktivität* genommen werden.

Der Wegbereiter der politischen Grenzmoral nach unten darf gesellschaftlich nicht belohnt, sondern muß diskriminiert werden. Dabei kann daran erinnert werden, daß die *"Goldene Regel"* mit der biblischen Formulierung: "Alles, was ihr also von anderen erwartet, das tut auch ihnen!" (Mt 7,12) als Prinzip der Gegenseitigkeit fundamentale und unaufgebbare Grundlage menschenwürdigen Zusammenlebens ist.

2. Da die Grenzmoral die Kreditwürdigkeit untergräbt, muß die werbende Kraft und die Attraktivität der *Kreditwürdigkeit* herausgestellt und mobilisiert werden. Solches müssen sich vor allem politische Parteien und ähnliche politische Gruppierungen auf ihre Fahnen schreiben und in ihrer Praxis zur Orientierung machen, wobei solidarische Selbstdisziplin und Selbstkontrolle eine wichtige Rolle spielen.

3. Als Gegengewicht zu einer egoistischen Grenzmoral nach unten müssen *Pioniere einer Grenzmoral nach oben* auch in der Politik gefördert, ermuntert und favorisiert werden, also Personen, welche die bisherige politische Durchschnittsmoral nach oben überschreiten wollen, müssen politische Bewegungen bis hin zu Neugründungen von politischen Parteien in diese Richtung unterstützt und favorisiert werden, müssen vor allem bei politischen Wahlen Pioniere der aufbauenden und positiven Grenzmoral politisch belohnt, und die Wegbereiter der egoistischen und abbauenden Grenzmoral politisch bestraft werden.

4. Das Ethos des Politikers gegen negative Grenzmoral in Richtung auf positive Grenzmoral hin kann sehr fruchtbringend genährt und gefördert werden durch *Erschließung der helfenden und heilbringenden Kräfte der Religion,* speziell auch der christlichen, Politik als Berufung zur Weltverantwortung und zum Heilsdienst an der

Welt kann entscheidend zum Pionierdienst positiver Grenzmoral befähigen und ermuntern, weil man in Gott den entscheidenden Berufer und die entscheidende Verantwortungsinstanz sieht.

6. Lüge - Wahrheit

Die Politik ist ein besonderer Tummelplatz für Vorurteile, Verschleierungen sowie verschiedene Formen von Halbwahrheit und Lüge, die Moral aber lebt von der Wahrheit, der Wahrhaftigkeit und der Ehrlichkeit. Das ist ein weiteres Spannungsfeld von Politik und Moral, das es zu beachten und zu entspannen bzw. zu überwinden gilt.

Schon die oben erfolgte Bestimmung der Politik als besonderes Exerzierfeld für Macht und Interessen bzw. für Machtinteressen legt die Vermutung nahe, daß solchen Machtinteressen vieles, auch Ehrlichkeit, Wahrhaftigkeit und Treue allzuoft geopfert wird. Übrigens genügt eine Erinnerung an die vielen erlebbaren Lügen im Alltag, um diese Vermutung zu erhärten, weil ja nicht zu erwarten ist, daß auf dem doch etwas härteren Feld der Politik die Wahrhaftigkeit dominieren wird, wenn im Alltag der Durchschnittsmenschen die Lüge keinen geringen Raum einnimmt. Zur Illustration kann man auch noch auf Umfrageergebnisse verweisen, wonach ein hoher Prozentsatz der Befragten der Meinung ist, Politiker würden oft die Unwahrheit sagen.[89]

Wie es mit der Wahrheitsliebe der Politiker bestellt ist, kann man übrigens auch aus Gerichts- und gerichtsähnlichen Prozessen um Skandale und sonstige Angelegenheiten ersehen, in die Politiker verwickelt sind. Über den Verlauf solcher Prozesse konnte man sich gerade in letzter Zeit aus den Massenmedien zur Genüge informieren und seinen Reim darauf machen.

Die *Lüge* in der Politik hat zwar nicht immer den Charakter und Schweregrad etwa einer falschen Aussage vor Gericht, die verschiedenen anderen Formen der Lüge in der Politik sind aber auch nicht alle gerade harmlos. Das Feld der Politik erweist sich als Tummelplatz verschiedenster Formen der Lüge bzw. der Unehrlichkeit.

Vier Formen der Lüge in der Politik sollen besonders herausgestellt werden: die politische Notlüge, die verleumderische Politiklüge, die politische Werbelüge und die Lüge der großen Kluft zwischen politischem Wort und politischer Tat. Die *Notlüge* wird von der Moraltheologie als eine besondere Art der Dienstlüge bezeichnet, "durch die jemand für sich oder für andere einen Vorteil erreichen" will. Die Notlüge will speziell "von sich oder anderen einen Schaden abwenden."[90] Die Versuchung bzw. der Druck zur Vorteilerreichung bzw. Schadensabwendung scheint in der Politik besonders groß zu sein, zählt doch, wie oben dargelegt wurde, in der Politik in erster Linie der Erfolg und nicht die Treue zum Gewissen. Nun erscheint nicht nur dem allgemeinen sittlichen Bewußtsein, sondern auch der theologischen Ethik die Notlüge nicht so verwerflich wie die *Schadenlüge,* "die der bewußten Absicht entspringt, den Mitmenschen an irgendeinem Gut zu schädigen",[91] aber an der prinzipiellen Verwerflichkeit auch der politischen Notlüge ist dennoch festzuhalten, weil erstens der gute Zweck nicht das schlechte Mittel heiligt, weil ferner auch durch die politische Notlüge, die sich ja allzuleicht zu einer lawinenartigen Spirale entwickeln kann, das gegenseitige *Vertrauen* als wichtige Voraussetzung und grundlegendes Fundament menschenwürdigen Zusammenlebens erschüttert wird, und weil schließlich unter dem verharmlosenden Etikett der Notlüge als Dienstlüge in Wirklichkeit Schadenlügen produziert werden, wenn bei Fixierung auf die Erreichung des eigenen Vorteils bzw. auf die Abwendung des Schadens für sich in einer Art "Präventivkrieg" oder sonstwie der Schaden für den politischen Gegner übersehen, verdeckt, verharmlost oder gar gerechtfertigt wird. Dazu ist noch zu vermerken, daß in der allgemeinen Unsensibilität für die anonyme Allgemeinheit und für die nicht präsenten Opfer der Zukunft die Schäden für diese Dimension des Gemeinwohls übersehen oder zu wenig ernst genommen werden.

Dabei bleibt auch für die theologische Ethik das Problem bestehen, ob tatsächlich jede *Falschaussage* ausnahmslos als Lüge und damit als unsittlich zu qualifizieren ist und ob eine solche Falschaussage nicht als kleineres Übel gegenüber einem sonst drohenden entsprechend größeren Übel in Kauf zu nehmen ist, wie es an dem Beispiel illustriert wird, wo nur durch eine Falschaussage ein Unschuldiger vor einem sicheren Tod zu retten ist.[92] Das Problem bleibt bestehen, obwohl und gerade weil auf dem Feld der Politik die Güter- und Wertabwägung besonders leicht zum *Lizitieren zugunsten des eigenen Vorteils* und zum Schaden anderer zu entarten droht und das erkenntnisleitende Interesse besonders stark egoistischer Unterwanderung ausgesetzt bleibt, sodaß in der Folge die eigenen Schäden dramatisiert und die der anderen verharmlost werden. Nicht zu reden von jenen System-Ideologien, innerhalb derer das wahr ist, was die erwünschte Wirkung bringt und die politische Lüge als "höhere Form der Wahrheit"[93] erscheint.
Die oft *verleumderische Schadenlüge* in der Politik dient dem Ziel, den politischen Gegner in der öffentlichen Meinung und in der Gunst der Wähler zu schwächen bzw. auszuschalten und sich durch diese Schwächung bzw. Ausschaltung der Konkurrenz Machtvorteile zu verschaffen. Die Formen solch verleumderischer Schadenlügen sind dabei oft sehr subtil und raffiniert. Häufig werden Verdächtigungen in die Welt gesetzt und lanciert, mit der Spekulation verbunden, irgendetwas werde am Verdächtigen schon hängen bleiben. Oft dienen solche Verleumdungen der Ablenkung und Relativierung von Schwächen und Fehlern auf eigener Seite, oft gebärdet man sich dabei als moralischer Saubermacher, ohne den Glaubwürdigkeitsbeweis für diese Rolle zu liefern, der darin bestünde, die Rolle des moralischen Saubermachens in erster Linie bei sich selbst und in den eigenen Reihen zu verwirklichen. Das Problem der verleumderischen Schadenlüge liegt dann besonders auch darin, daß sie nicht immer so leicht und so schnell zu durchschauen ist, weil die Kontrolle der Macht und die rechtzeitige Aufdeckung politischer Skandale zu den wesentlichen Aufgaben konkurrierender und oppositioneller Parteien gehört und weil das Leugnen der Beschuldigten allgemein üblich ist, sodaß sich im

Dschungel und Wirrwarr von Beschuldigung und Leugnen der Außenstehende kaum zurechtfindet und die Wahrheit von der Lüge schwer zu unterscheiden ist. Als Orientierung in diesem Dschungel könnte die *größere Glaubwürdigkeit* dienen, aber gerade diese ist ja durch zu viel bekannte Lügen und Skandale erschüttert, abgesehen davon, daß in der Politik mit den herrschenden Freund-Feind-Bildern solch generelle Glaubwürdigkeit keine objektive, sondern eine parteiische ist, sodaß die Schuld- bzw. Unschuldsvermutung meist zugunsten der eigenen und zuungunsten der Gegen-Partei gilt.

Parteiische Glaubwürdigkeit findet sich auch bei der dritten oben erwähnten Form der politischen Lüge, bei der *versprechenden Werbelüge,* die vor allem vor Wahlen besondere Blüten treibt. Wer die Wahlpropaganda der politischen Parteien und ihrer Kandidaten seriös analysiert, der entdeckt unschwer, daß die darin enthaltenen Versprechungen unmöglich alle im Ernstfall erfüllt werden und daß sie deshalb nicht wirklich ernst gemeint sein können. Dabei werden solche Versprechungen von der Tatsache gefördert, daß die Menschen vom Staat die wohlfahrtsstaatliche Garantierung persönlichen Glücks erwarten, ein Phänomen, das sich mit zunehmender Säkularisierung verstärkt.[94] Oft wird dabei auch mehr oder weniger bewußt mit der Vergeßlichkeit bzw. dem Kurzzeitgedächtnis der Zuhörer bzw. der Wähler spekuliert. Ein Fortschritt wäre es bereits, wenn die Wahlwerbung im Bewußtsein ihrer Konsumenten stärker als eigene literarische Art der Übertreibung und Schönfärberei gelten würde, ähnlich der Produktwerbung in der Wirtschaft. Dabei erfordert gerade eine gemeinwohlorientierte und gemeinwohldienende Politik, daß rechtzeitig die Grenzen des Möglichen und verantwortlich Vertretbaren aufgezeigt werden, damit nicht in einer Schönwetter- und Gefälligkeitspolitik ein *Ausverkauf der Zukunft* betrieben wird. Solange aber die Wähler nicht fähig und bereit sind, das Haltmachen vor leichtfertigen Versprechungen zu akzeptieren und zu honorieren, wird sich unter dem Druck des Gesetzes der Grenzmoral und der Konkurrenz die Spirale leichtfertiger Versprechungen weiterdrehen.

Mit dieser versprechenden Werbelüge eng verwandt ist die Lüge, die in der oft großen *Kluft zwischen der politischen Rede und der politischen Tat* besteht. Die Sonn- und Feiertagsreden politischer Funktionäre stehen oft in krassem Gegensatz zu ihrer politischen Alltagspraxis. So wie im Leben allgemein ist auch in der Politik mitunter ein Schwelgen "im Rausch der reinen Werte und der reinen Worte"[95] festzustellen, das in seiner moralisierenden Art manchmal als reines Wunschdenken, manchmal als Kompensation der mangelnden Bereitschaft zur politischen Leistung oder als Kompensation der nicht erbrachten politischen Tat gedeutet werden kann. Leider fallen immer noch zu viele Bürger auf die schönen Worte einer Ankündigungs- und Verkündigungspolitik herein, durchschauen zuwenig die Leere des politischen Schwefelns, von dem oft nur ein "Schwefelgestank" übrigbleibt, und erliegen der Agitation politischer Redner, ohne deren Glaubwürdigkeit entsprechende Aufmerksamkeit zu schenken. Dabei ist selbstverständlich nichts gegen gute Rhetorik in der Politik zu sagen, die klar und deutlich politische Ziele und Mittel artikuliert und zum Mittun aneifert bzw. mitreißt. Das Problem liegt darin, daß allzuoft der Bluff vor der Seriosität siegt, die Schwarz-Weiß-Malerei die notwendige Differenzierung erschlägt und das Wort anstatt der Tat zum Glaubwürdigkeitskriterium wird; abgesehen davon, daß in der Suggestion solcher Rhetorik die Widersprüche politischen Redens und Versprechens allzuoft unentdeckt bleiben und daß vor allem die Gefährlichkeit mancher politischer Ziele und Mittel der Politik nicht rechtzeitig erkannt wird, wofür die aufstrebenden Diktatoren und ihre Propagandaredner genügend Anschauungsmaterial liefern. Deshalb, aber nicht nur deshalb, wird der *Sprache* in der Politik eigens Aufmerksamkeit zu schenken sein.
In diesen eben angeführten Formen der politischen Lüge ist der Begriff Lüge nicht überall im selben strengen Sinn des Wortes verwendet. Wenn man traditionellerweise Lüge definiert als Reden oder durch Zeichen geäußertes Mitteilen, *"das zur Überzeugung in Widerspruch steht"*[96], dann ist dieser Begriff bei der politischen Notlüge und der politischen Schadenlüge im eigentlichen Sinn verwendet, bei der versprechenden Werbelüge und der Lüge der

großen Kluft aber in einem erweiterten Sinn. Diese Erweiterung erscheint zulässig und sinnvoll, wenn man bedenkt, daß Lüge nicht nur aufgefaßt werden kann als Gegensatz zur Wahrhaftigkeit als der moralischen Wahrheit, welche als Übereinstimmung "des Ausdruckes mit der Erkenntnis"[97] beschrieben werden kann, sondern daß man die Lüge auch mit im Gegensatz sehen kann zur Wahrheit im allgemeinen, nämlich zur *"Übereinstimmung einer Sache mit ihrem Maß"*[98]. Gerade bei der politischen Lüge scheint der Blick auf das Ganze der Wahrheit wichtig zu sein, sodaß die politische Lüge als Widerspruch zum Ganzen der Wahrheit begriffen wird, wiewohl natürlich der Widerspruch zur Wahrhaftigkeit als dem Bemühen, die Übereinstimmung von Ausdruck und Überzeugung herzustellen[99],im Vordergrund stehen muß, schon um der eindeutigeren Faßbarkeit willen. Daran ändert auch die Tatsache nichts, daß gerade in der Politik die alte Pilatusfrage: "Was ist Wahrheit?" gar nicht so leicht beantwortbar ist und daß man gerade in der Politik vor der Ideologie absoluter Wahrheitsansprüche besonders auf der Hut sein muß. Der Blick auf das Ganze der Wahrheit will vor allem das *Wahr-Sein* als Grundlage des wahrhaftigen Redens betonen. Die Überwindung der politischen Lüge darf sich nicht nur gegen die verbale Lüge wenden, sondern muß auch gegen die tiefer sitzende existentielle Lüge gerichtet sein. Eine Politik auf existentielle Wahrheit hin und gegen die existentielle Lüge muß vor allem der Wahrheit des Menschen gerecht zu werden trachten.

Näherhin wird eine der Wahrheit und der Würde des Menschen verpflichtete Politik folgendes zu beachten haben:

1. Politik läßt sich, wie oben geschehen, definieren als interessengeleiteter Kampf um die rechte Ordnung mit den Mitteln der Macht. Bereits diese Definition läßt eine gewisse Distanz zur Wahrheit anklingen, aber doch auch eine gewisse Beziehung; Distanz deshalb, weil es in der Politik in erster Linie um Interessen und nicht um Wahrheit geht, Beziehung deshalb, weil die *rechte Ordnung,* um die gekämpft wird, bei aller politischen Subjektivität auf die Wahrheit hingeordnet bleibt. Die Notwendigkeit, daß Politik in

Distanz zu konkret behaupteter Wahrheit bleibt, aber nicht in *Beziehungslosigkeit* zur Wahrheit agieren darf, erhellt auch aus einem Blick in die Geschichte. Die vielen "heiligen" oder besser gesagt "unheiligen" Religions- und sonstigen Kriege und Kreuzzüge der Geschichte, die im Namen einer vermutlich letztgefundenen Wahrheit stattgefunden haben, sowie die Gewaltverbrechen totalitärer Regime, die im eingebildeten Besitz der objektiven Gesetzmäßigkeit der Geschichte oder im eingebildeten Besitz sonstiger absoluter Wahrheiten ihre Greueltaten als notwendigen Weg zum Ziel ihres Wahrheitsparadieses oder sonstigen Wahnreiches gerechtfertigt haben, lassen die Problematik der Beziehung von Politik und Wahrheit mehr als deutlich erscheinen. Auf der anderen Seite wird gerade auch in der Geschichte des politischen Bewußtseins immer mehr betont, daß der Mensch Träger, Mittelpunkt und Ziel der Politik sein soll, um es mit einer Formulierung des Personprinzips der katholischen Soziallehre auszudrücken, was dann aber zur Folge hat, daß sich dieser Mensch auch in der Politik als ein wahrheitssuchendes und wahrheitsverpflichtetes Wesen erweist und daß sich auch in der Politik die Frage nach der *Wahrheit um den Menschen* stellt, so z. B. im Ost-West-Konflikt und seiner ideologischen Dimension, oder auch in der unterschiedlichen Deutung der *Menschenrechte* in Ost und West, oder auch in der Frage des unterschiedlichen Rechtsschutzes von geborenem und ungeborenem Leben. Die Beziehung von Politik und Wahrheit bleibt also *sensibel und spannungsvoll.* Eine Politik, die ihrem Ziel dienen will, und zwar dem Gemeinwohl mit dem Zentralwert des Friedens samt dem damit verbundenen Wohl der Menschen, muß diese Spannung fruchtbar zu gestalten trachten. Dazu ist einiges vonnöten, u. a. auch:

a. Eine im gewissen Sinne *wahrheitsdistanzierte,* aber doch *wahrheitsverpflichtete* und damit menschengerechte Politik darf sich nicht anmaßen, Wahrheit politisch dekretieren zu können und zu dekretieren. Vielmehr hat die Politik möglichst viele Freiräume zu belassen, zu schaffen und zu fördern, in denen möglichst viele einzelne und Gruppen erfolgreich die Wahrheit *suchen,* sich ihr *nähern* und über sie einen befruchtenden *Dialog* führen können. Die Politik hat dann die so im vorpolitischen Raum konkret erfaßte Wahrheit zu respektieren und sich ihrer zu bedienen.

b. Eine zwar wahrheitsdistanzierte, aber doch wahrheitsorientierte und damit menschengerechte Politik darf nicht der Versuchung erliegen, in der Vermittlung irdischer Wohlfahrt die Menschen mit dem *letzten Heil* samt den damit verbundenen letzten Heilswahrheiten beglücken zu wollen und damit zu einer *Ersatzreligion* zu werden. Daß *Goebbels* politische Parteien "politische Kirchen"[100] nannte und daß der Gruß "Heil Hitler" bedeutete: "Unser Heil liegt in Hitler"[101], sollte in diesem Zusammenhang zu denken geben. Die Versuche der Politik, das letzte Heil der Menschen endgültig im Diesseits zu verwirklichen, haben immer noch in einer Versklavung der Menschen geendet, nicht zuletzt auch deshalb, weil in dieser Verdiesseitigung des Jenseits jene eschatologische Gelassenheit, jene Geduld, jener Respekt vor dem Geheimnis des Menschen und seiner Geschichte fehlten, die es verhindern hätten können, daß in der radikalen Ungeduld inhumane Mittel angewendet wurden, die auf dem Weg zum zeitlichen Endheil dieses Ziel verrieten. Zu solcher *Säkularisierung* und *Immanentisierung* religiöser und endzeitlicher Heilserwartungen neigen besonders atheistische Polit-Systeme, die in ihrer systematischen Leugnung Gottes und der Transzendenz auch eine Politik der Lüge betreiben. Besonders ihnen gegenüber ist der zweite Teil des christlichen Personprinzips zu betonen: "Nach dem obersten Grundsatz dieser Lehre muß der Mensch der Träger, Schöpfer und das Ziel aller gesellschaftlichen Einrichtungen sein. Und zwar der Mensch, sofern er von Natur aus auf Mit-Sein angelegt und zugleich zu einer höheren Ordnung berufen ist, die die Natur übersteigt und diese zugleich überwindet."[102] Die Angelegenheiten dieser höheren Ordnung zu umsorgen und zu gestalten, ist aber nicht Aufgabe der Politik, sondern der *Religion* und ihrer Institutionen. Das Wort des Herrn bleibt immer aktuell: "So gebt dem Kaiser, was dem Kaiser gehört, und Gott, was Gott gehört!" (Mt 22, 21). Das und anderes bisher Gesagtes implizieren selbstverständlich auch die Mahnung an die Religion und ihre Institutionen, auf die *richtige Distanz und die richtige Aus-*

richtung zur Politik und zu ihren Institutionen bedacht zu sein. Nicht nur Ayatollah *Khomeini* mit seiner religiös legitimierten Schreckensherrschaft, sondern auch die vielen Irrwege christlicher Kirchen mit der allzugroßen Nähe, Verbindung und Verfilzung von Thron und Altar müssen als Lernprozesse genügen, um eine entsprechende Unterscheidung und Trennung von Gottesherrschaft und politischer Herrschaft vorzunehmen. Auf der anderen Seite impliziert der religiöse Glaube, speziell der christlicher Prägung, Weltverantwortung mit der Verpflichtung zum Engagement auf dem für den Menschen und sein Wohl so wichtigen Feld der Politik.

c. Aus dieser Perspektive ist auch das *Verhältnis von Wahrheit und Mehrheit* in der Demokratie zu bestimmen. Das Mehrheitsprinzip, das ein Wesensprinzip der Demokratie ist, bringt die Problematik mit sich, daß eine Mehrheit von Törichten eine Minderheit von Weisen überstimmen, eine Mehrheit von Schurken eine Minderheit von Heiligen übertrumpfen und eine Mehrheit von Egoisten eine Minderheit von Schwachen und Bedürftigen übergehen kann. Das *Mehrheitsprinzip* läuft in dieser Hinsicht Gefahr, zum "Totschlagprinzip" zu werden, wie es die Münchner Psychoanalytikerin Th. *Bauriedl*[103] in einem Vortrag sagte. In diesem Zusammenhang ist auch der Begriff *"Zweidrittelgesellschaft"*[104] betrachtenswert. In meinem Verständnis besteht die Problematik der Zweidrittelgesellschaft darin, daß eine qualifizierte Mehrheit von Gutsituierten und zum Teil Privilegierten einer Minderheit von Benachteiligten und Schlechtergestellten gegenübersteht und daß diese qualifizierte Mehrheit die besagte Minderheit immer wieder benachteiligen und in ihrer Benachteiligung belassen kann. Angesichts solcher Problematiken könnte man geneigt sein, als Entscheidungsregel das Prinzip *"Wahrheit statt Mehrheit"* zu fordern. Doch gerät man damit in noch größere Probleme. Denn wer entscheidet, wer die Wahrheit besitzt? Legitimiert man damit nicht die selbsternannten Propheten absoluter Wahrheitsansprüche, im Namen ihrer Wahrheit ihre Diktatur über die anderen zu errichten? Das ist also kein Ausweg, sondern eine Sackgasse. Der Ausweg kann nur darin liegen, daß in der demokratischen Politik jene, die von der Wahrheit ihrer politischen Ansichten überzeugt sind, mittels überzeugender Argumentation und Diskussion sich um die Mehrheit bemühen. J. *Isensee* schreibt richtig: "Die grundgesetzliche Demokratie kann keine Gruppe - mag diese sich noch so sehr im Vollbesitz der Wahrheit wähnen und sich der Gegenseite moralisch oder intellektuell überlegen fühlen - von der Notwendigkeit freistellen, um Mehrheit zu werben."[105] - Die Demokratie lebt also aus der Hoffnung, daß der *größere* Teil auch der *vernünftigere* und *bessere* ist. Das ist eine der wichtigsten Voraussetzungen einer menschenwürdigen und menschengerechten Politik in der Demokratie. Andere Voraussetzungen sind ebenfalls von grundlegender Wichtigkeit: so ein *effektiver Minderheitenschutz* und dann überhaupt die Institutionen des demokratischen *Verfassungsstaates*. J. *Isensee* schreibt diesbezüglich mit Recht: "Aus der Sicht des freiheitlichen Verfassungsstaates, der auf pragmatischem Relativismus gründet, sind alle Einsichten und Gewißheiten politisch diskutabel - mit Ausnahme jener staatsrechtlichen Bedingungen, unter denen allein frei demokratische Diskussion möglich ist, also: Gewaltverbot, grundrechtliche Freiheit im Rahmen der für alle geltenden Gesetze, parlamentarische Entscheidungskompetenz, Rechtsgehorsam."[106].

2. Eine der Wahrheit und Würde des Menschen verpflichtete Politik wird über das bisher Gesagte hinaus vor allem darauf bedacht sein, es mit den Menschen als "Kunden des politischen Geschäfts" wirklich *ehrlich* zu meinen und nicht in Parteiprogrammen und Parteireden ein Verbaltheater von Bekenntnissen zum Menschen aufzuführen, die in Wirklichkeit gar nicht ehrlich gemeint sind, auch nicht Politik als Dienst für die Menschen zu verkaufen, in Wirklichkeit aber durch die Politik nur Vorteile für sich und seine Partei oder sonstige Freunde zu suchen.

Eine solche Politik wird sich auch der Wahrhaftigkeit verpflichtet wissen und wird nicht die Lüge als Kunst der Staats- bzw. Parteiräson oder als "besondere Form der Diplomatie" rechtfertigen, sondern sich vielmehr der Wahrhaftigkeit als tragender Säule des Vertrauens und gelungener Beziehungen auch in der Politik bewußt bleiben. Im einzelnen wird dann folgendes besonders zu bedenken sein:

a. Die Wahrhaftigkeit wird in der Politik nur dann eine Chance bekommen, wenn sie auch im *Alltag* der Menschen mehr Raum gewinnt. Es ist unwahrscheinlich, daß ein Volk von Lügnern in der Politik auf einmal Helden der Wahrhaftigkeit kreieren wird.

b. Die Chance für Wahrhaftigkeit in der Politik wird steigen, wenn man als Politiker in der Öffentlichkeit auch *Fehler zugeben* darf und man wegen begangener oder unterlaufender Fehler nicht gleich politisch "ans Kreuz geschlagen wird." Sonst wird sich die Devise durchsetzen: Nie etwas zugeben und immer leugnen.

c. Schließlich bedarf es zwecks einer Chancenerhöhung für die Wahrhaftigkeit in der Politik auch entsprechender *Sanktionen der Lüge* in der Politik nicht nur durch die Wähler, sondern auch durch das Recht. Lügen in der Politik darf sich nicht auszahlen und für qualifizierte Lügen, etwa eine falsche Zeugenaussage vor Gericht, sollte es keinen Immunitätschutz für Abgeordnete geben.

3. Eine wahrheits- und menschengerechte Politik wird nicht zuletzt auch um eine *Kultur der politischen Sprache* bemüht sein müssen. Oft hat man den Eindruck, die Sprache diene auch in der Politik nicht der Mitteilung von Meinungen, Überzeugungen und Absichten, sondern deren Verschleierung und Verdeckung, sie diene nicht der Kommunikation zwischen Regierenden und Regierten, sondern einer gewissen Isolation. So muß eine Kultur der politischen Sprache dort ansetzen, wo ihre "Entfremdung" droht. Das heißt vor allem näherhin[107]:

a. Zunächst müssen *gefährliche Vereinfachungen,* zu denen besonders auch die politische Sprache neigt, vermieden bzw. überwunden werden. Solche Vereinfachungen der an sich komplexen politischen Wirklichkeitsproblematik werden durch die Tatsache begünstigt, daß die politischen Akteure in der Massendemokratie auf das Verstandenwerden, die Zustimmung und den Beifall durch möglichst viele angewiesen sind, wobei noch hinzukommt, daß die

Massenmedien, die keinen geringen Teil der politischen Kommunikation vermitteln, ihrerseits auch eher zur Vereinfachung neigen und damit die erwähnte Tendenz verstärken. In diesem Zusammenhang spricht M. *Rassem* von der *"Verschlagwortung"* als der "Hauptkrankheit unseres Kommunikationssystems"[108]. Mit dem Verkürzungsprinzip werden alle Beteiligten zum "Schlagwort, zur Nach-Richt, zum Report"[109] gezwungen. Extrem und damit besonders problematisch werden solche Vereinfachungen, wenn in einer *Schwarz-Weiß-Malerei* emotionsbezogen die Welt in zwei eindeutig trennbare Lager geteilt wird, nämlich in die Guten und die Bösen, wobei die Eigengruppe zu den Guten und die Fremdgruppe zu den Bösen gerechnet wird, alles Phänomene, die auch Formen der Unwahrheit darstellen. In solchen starren Schemata stehen dann sehr häufig auf der einen Seite die politisch Angesprochenen und Umworbenen in der Gestalt des immer anständigen Bürgers, des kleinen Mannes von der Straße, "dem Recht, Leistungswille und Ehrlichkeit zugeordnet werden, auf der anderen Seite ein in zwei Richtungen ausbaufähiger 'Negativstrang': 'Bonzen', die Taktik und Macht haben, sowie die 'Sozialstaatschmarotzer'"[110] als Bekämpfte, wie dies in einer empirischen Studie[111] über die politische Sprache des österreichischen FPÖ-Politikers Jörg *Haider* illustriert wird.

Es stellt sich nun die Frage, wie man gegen solche *polarisierende und emotionalisierende* Vereinfachungen der politischen Sprache und Demagogie erfolgreich ankämpfen kann. Die Schwierigkeit dieses Problems wird deutlich, wenn man bedenkt, daß der Mensch, auch in der Politik, einer gewissen Vereinfachung, einer "Reduktion von Komplexität" (N. *Luhmann)* bedarf, um seine Umwelt zu bewältigen. Die Kunst gelungener Lebensbewältigung in diesem Punkt liegt darin, gefährliche Vereinfachung von notwendiger zu unterscheiden, erstere zu vermeiden und letztere zu erlernen, also echt "kritische" (= unterscheidende <von krinein - unterscheiden>) Vereinfachung zu leisten.

Wird solches von "Konsumenten" und "Produzenten" der Politik praktiziert und wird vor allem den gefährlichen Vereinfachern der politischen Sprachdemagogie die Zustimmung und die Gefolgschaft verweigert, dann ist ein wichtiger Schritt zu einer wahrheitsorientierten Politik getan.

b. In einem gewissen Naheverhältnis zu polarisierenden Vereinfachungen stehen die *Euphemismen* der politischen Sprache. Mit Euphemismus meint man "die durch die entsprechende Wortwahl vorgenommene Verharmlosung von, an sich, bisweilen höchst negativen Erscheinungsformen"[112] oder, mit K. *Salamun* ausgedrückt, politische Euphemismen sind "sprachliche Verschleierungen oder Beschönigungen von verurteilenswerten politischen Sachverhalten und Handlungen".[113] So spricht man z. B. von "Freisetzungen" und nicht von "Kündigungen", von "Preiskorrekturen" und nicht von "Teuerungen", von "Null-Wachstum" oder gar "Minus-Wachstum" und nicht von "Stagnation" oder "Rezession", von "Kettenfahrzeugen" und nicht von "Panzern", von "Endlösung" und nicht von "Vernichtung". Anschauliche Beispiele für Euphemismen im Sprachgebrauch von Politikern und Ideologen nennt K. *Salamun*[114] in Fällen von Argumentationen, mit denen man eine militärische Aggression des eigenen Landes gegenüber einem anderen Land vor der eigenen Bevölkerung und der Weltöffentlichkeit rechtfertigen und beschönigen will. In derartigen Zusammenhängen ist nach K. *Salamun* "nicht selten von 'Befreiungsaktionen' die Rede, im nationalsozialistischen Sprachgebrauch ging es um 'Neulandgewinnung' oder die 'Erweiterung von Lebensraum', in England sprachen offizielle Stellen beim Angriff auf Ägypten, während der Suezkrise 1956, von einer 'police-action' (Polizeiaktion), in Frankreich wurde der Algerienkrieg lange Zeit als 'pacification' (Befriedungsaktion) ausgegeben, in den USA bezeichneten Regierungssprecher die Angriffe auf Nordvietnam immer wieder als bloße 'local operations' (lokale Operationen), in der DDR wurde der Einmarsch der Warschauer-Pakt-Truppen in die CSSR 1968 bekanntlich von offizieller Seite als 'internationalistische Bruderhilfe' deklariert."[115]

Häufig in engem Zusammenhang damit treten *synonymische Unterscheidungen* auf, bei welchen gleiche Sachverhalte oder Handlungen verschieden benannt werden, je nachdem, ob sie die

Eigengruppe oder eine negative Bezugs- oder Konkurrenzgruppe (-person) betreffen. Im Blick auf die eine Seite könnte man hier, wie ich meine, auch von *parteiischen und polarisierenden Euphemismen* sprechen. Als Beispiele für solche synonymische Unterscheidungen führt K. *Salamun*[116] an: ganz ähnliche militärische Aktionen, die, je nachdem, ob sie von der Eigengruppe oder einer Fremdgruppe ausgeführt werden, einmal "Befriedungs"- und "Befreiungsaktionen", das andere Mal aber "Aggressions- und Okkupationsakte" genannt werden; oder "Solidarisierung" und "gerechte Empörung" als Bezeichnung eines bestimmten politischen Verhaltens, sofern dieses von den Angehörigen der Eigengruppe getragen wird, hingegen als "Zusammenrottung" und "Aufruhr", sobald es von den Mitgliedern der negativen Bezugsgruppe stammt; oder die Reden von "Vertrauensleuten" in propagandistischen Äußerungen, wenn ein bestimmtes Verhalten der Eigengruppe, von "Rädelsführern", wenn das gleiche Verhalten der Fremdgruppe zugeschrieben wird. Gerade im Blick auf die politischen Euphemismen und die damit verbundenen parteiischen und polarisierenden synonymischen Unterscheidungen wird deutlich, daß, wie R. *Muhr* es ausdrückt, politische Sprache und politische Kommunikation "nicht so sehr der Kampf um Worte, sondern der *Kampf um die zutreffenderen Wertungen*"[117] ist.

Reflektiert man nun die obgenannte Definition der Politik als interessengeleiteten Kampf um die rechte Ordnung mit Mitteln der Macht, dann wird klar, daß eine wahrheitsorientierte Kultur der politischen Sprache nicht die Eliminierung sämtlicher Wertungen und Deutungen aus der politischen Sprache zum Ziel haben kann, sondern sich um *möglichst objektive Wertungen und Deutungen* auch in der Politik und ihrer Sprache bemühen muß sowie um möglichste Unterscheidung und Trennung von Wert- und Tatsachenurteilen, und dies wiederum auf Seiten der Konsumenten und Produzenten der Politik, sodaß demagogische und anderweitig gefährliche Verstöße durch Zustimmungs- und Gefolgschaftsverweigerung "bestraft" werden. Denn Werten und Sinndeuten ist ja mit dem Wesen des Menschen und seinem elementaren Bedürfnis nach Sinn auch in der Politik so zuinnerst verbunden, daß ein

generelles Werturteilsverbot dem Wesen der Politik widersprechen würde und sich letztlich unmenschlich auswirken müßte. Das Werturteilsverbot ist ja schließlich nicht für die Politik gedacht.
Bei aller Kritik politischer Euphemismen und synonymischer Unterscheidungen darf nicht das Kind mit dem Bad ausgeschüttet und in einem standpunktlosen *Gleichgültigkeits-Relativismus* die notwendige Parteinahme für Werte wie Wahrheit, Gerechtigkeit, Freiheit und dergleichen preisgegeben werden, wobei das Eintreten für solche Werte selbstverständlich in differenzierter und toleranter Weise zu erfolgen hat. Es ist doch nicht zu leugnen, daß z. B. notwehrende und aggressive Gewalt nicht dasselbe sind, also die Gewalt in einem solchen Fall unterschiedlicher Wertung bedarf; oder daß die rechtstaatlich fundierte und abgesicherte Gewalt nicht dasselbe ist wie die verbrecherische Gewalt und also auch hier unterschiedliche Wertungen erforderlich sind. Daß auch in diesem Fall Wort- und Etiketten-Mißbrauch möglich ist, hebt das grundsätzliche Anliegen und den ordentlichen Gebrauch der Wertungstermini nicht auf.

Was den verharmlosenden Aspekt der politischen Euphemismen betrifft, wird es sehr oft des Mutes bedürfen, die Dinge rechtzeitig *beim Namen zu nennen,* eine Tugend, deren Wahrscheinlichkeit mit der Häufigkeit der Honorierung durch den Wähler steigen wird. Ein diesbezügliches Problem liegt nun darin, daß viele eine unbequeme Wahrheit nicht hören wollen. So ist z. B. von den verantwortlichen Politikern in Deutschland und Österreich der Ernst der Stahlkrise vielfach deshalb nicht rechtzeitig aufgezeigt worden, weil viele Betroffene diese bittere Wahrheit nicht hören wollten.

c. Eine Kultur der politischen Sprache muß schließlich auch den in der Politik, aber nicht nur dort, gerne verwendeten *allgemeinen,* ja oft *zu* allgemeinen und damit *vielfach* und *verschieden deutbaren Ausdrucksformen* Aufmerksamkeit schenken, gegen die man den Vorwurf der *Leerformelhaftigkeit* erheben kann bzw. muß. Solche Formeln sind so allgemein und konkret inhaltsleer, daß sie mit verschiedenem, ja einander widersprechendem Inhalt gefüllt werden können und daß sie zur Tarnung, Etikettierung und Rechtfertigung von Systemen, Strategien und Zielen gebraucht werden können, die sich bei näherem Zusehen als höchst problematisch herausstellen. Solche Formeln lauten etwa: "Der Beste soll regieren", oder "Endlich soll die Gerechtigkeit obsiegen"; der Vorwurf der Leerformelhaftigkeit wird aber auch gegen die Prinzipien der katholischen Soziallehre wie etwa das Gemeinwohlprinzip und das Solidaritätsprinzip erhoben. Nun muß man bedenken, daß Mißbrauchsmöglichkeit Schicksal aller Begriffe und Prinzipien, besonders aber der wertintensiven, ist. Sodann ist zu beachten, daß alle Begriffe und Prinzipien, die etwas Umfassendes, über den Einzelfall und Augenblick Hinausgehendes ausdrücken, notgedrungen eine gewisse Allgemeinheit und Leere hinsichtlich des Konkreten besitzen, daß aber gerade darin der Vorzug solcher Formeln als Orientierungsprinzipien für den Menschen als soziales und geschichtliches, damit sich selbst und den Augenblick übersteigenden Wesen, liegt, was gerade auch in der Politik zum Tragen kommt und auch kommen soll. Die Politik und ihre Sprache werden also nicht ohne solche Begriffe und Prinzipien auskommen, gegen die der Vorwurf der Leerformelhaftigkeit erhebbar bleibt. Worauf es ankommen wird, ist, daß man solche Begriffe und Prinzipien nicht zu häufig und *inflatorisch* gebraucht und daß man sie möglichst *interpretiert* und *konkretisiert,* daß man also z. B. möglichst deutlich sagt, was Gerechtigkeit, Freiheit, Gemeinwohl usw. konkret bedeuten. In diesem Zusammenhang zeigt sich überhaupt ein wichtiges Problem einer wahrheitsorientierten politischen Sprache: daß sie nämlich den richtigen Weg findet zwischen dem Anliegen, genau zu sein und nicht zu verschleiern durch Vieldeutigkeit oder sonstige Tricks, und dem anderen berechtigten Anliegen, sich so auszudrücken, daß man sich für die Zukunft einen gewissen *Spielraum* offen läßt und man auch nicht dem politischen Gegner die Entwicklung von Gegenstrategien erleichtert.

Aus den Ausführungen dieses Abschnitts ist u.a.zur Genüge eines klar geworden: daß es sich beim Problem der vielfachen Versuchungen und Tendenzen der Politik zur Unwahrheit hin und der Verpflichtung der Moral zur Wahrheit um ein nicht zu bagatellisierendes Spannungsfeld handelt, das im Interesse einer menschengerechten Politik in Richtung der Wahrheit hin fruchtbar gestaltet werden muß; dies nicht zuletzt auch deshalb, weil K. *Weinke* recht hat mit seiner Bemerkung: "Wenn man bedenkt, daß jeder faktischen Volksverführung ihre sprachliche vorausgehen muß, dann erkennt man vielleicht doch, daß der Wahrheitsliebe in politischen Fragen eine enorme Bedeutung beigemessen werden muß!"[118]

Es liegt an der politischen Reife und Lauterkeit der Regierenden und in der Demokratie vor allem auch der Regierten, daß N. *Machiavelli* nicht recht behält mit seiner Bemerkung zu unserem Thema, wenn er schreibt: "Jeder sieht ein, wie lobenswert es für einen Herrscher ist, wenn er sein Wort hält und ehrlich, ohne Verschlagenheit seinen Weg geht. Trotzdem sagt uns die Erfahrung unserer Tage, daß gerade jene Herrscher Bedeutendes geleistet haben, die nur wenig von der Treue gehalten und es verstanden haben, mit Verschlagenheit die Köpfe der Menschen zu verdrehen; und schließlich haben sie über die die Oberhand gewonnen, die ihr Verhalten auf Ehrlichkeit gegründet haben."[119]

7. Sensation - Seriosität

Ein weiteres Spannungsfeld zwischen Politik und Moral ergibt sich aus der Tatsache, daß heutzutage die Politik in erheblichem Ausmaß von den *Massenmedien* vermittelt wird, daß dies aber auf Kosten einer moral- und damit menschengerechten Gestaltung der öffentlichen Ordnung zu gehen droht. Näherhin gilt das in folgender Hinsicht:[120]

1. Die durch die Massenmedien vermittelte Politik sucht, betont und berichtet in überdurchschnittlichem Ausmaß das *Außergewöhnliche, Sensationelle,* dabei aber oft *Unwesentliche,* und vernachlässigt dabei die Seriosität, die im Stillen und oft Verborgenen zu leistende Kleinarbeit und das wirklich Wesentliche, das sich ja

dem ersten Augenschein sehr oft entzieht. So kümmern sich Politiker in Erwartung entsprechender Medienaufmerksamkeit überdurchschnittlich um solch Außergewöhnliches, Sensationelles und oft Unwesentliches, aber auch die durch die Medien informierten Durchschnittsbürger bekommen ein falsches Bild davon, was in einer menschengerechten Politik wirklich zählt, bedeutsam und wesentlich ist.

Eine zufriedenstellende Lösung dieser Problematik muß bei der Eigenart der elektronischen Medien mit ihrer Tendenz zur Visualisierung, Simplifizierung, Personalisierung und zur Darstellung politischer Ereignisse als Unterhaltung, ferner bei den an den Schalthebeln der Massenmedien Sitzenden, schließlich bei den politischen Funktionären und nicht zuletzt bei den Konsumenten der Massenmedienprodukte und der Politik ansetzen. Dabei wird selbstverständlich niemand eine langweilige Politikberichterstattung fordern. Worauf es ankommen wird, das ist die Fähigkeit der politischen Berichterstatter, *Wesentliches interessant zu präsentieren,* sodann die Fähigkeit und die Bereitschaft der politischen Funktionäre, die geduldige Arbeit in kleinen Schritten als wesentlichen Beitrag zur Lösung politischer Aufgaben zu betrachten und verständlich zu machen, sowie ein genügendes Interesse und genügende Fähigkeiten der Konsumenten von Massenmedienprodukten und Politik, sich mit wesentlichen und längerfristigen Problemen und Problemlösungswegen der Politik auseinanderzusetzen. Zum letzteren - aber nicht nur dazu - ist viel Erziehung, wesentlich auch Selbsterziehung, vonnöten.

2. Eine mit dem eben Gesagten zusammenhängende Problematik medienvermittelter Politik liegt darin, daß die Medien - besonders gewisse - in der politischen Berichterstattung zur *Vereinfachung,* darunter auch zur wirklichkeitsverzerrenden und sogar wirklichkeits-"vergewaltigenden" Vereinfachung, tendieren, die politische Wirklichkeit hingegen sehr komplex ist und einer differenzierenden Betrachtung und Behandlung bedarf. Infolge Beschränktheit an Zeit und der Fülle von Zielen und sonstigen Möglichkeiten bedarf der Mensch, um sein Leben zu meistern und seine Umwelt

zu bewältigen, einer sogenannten "Reduktion der Wirklichkeit" (N. *Luhmann*), eben einer Vereinfachung. Eine der Lebensbewältigung - auch der politischen - dienende Vereinfachung setzt allerdings voraus, daß *Wesentliches vom Unwesentlichen* unterschieden und nicht auf Kosten grundlegender Gehalte vereinfacht wird. Weil eine differenzierende Betrachtungs- und Behandlungsweise mühevoll ist, der Mensch aber oft zur Trägheit und zur Ungeduld neigt, haben die pauschalierenden Simplifizierer und Reduzierer nur allzuoft ihre Anhänger bzw. Leser. Man denke nur an so manche Boulevardpresseprodukte mit ihrer von Zeit zu Zeit wiederkehrenden Kampagne gegen "Schmarotzer", Ausländer, Andersklassige oder Andersrassige, wo die Neigung zu pauschalierender Vereinfachung eine verstärkende Verbindung mit dem aggressionsgrundgelegten Trieb zum Denken in Freund-Feind-Schemata und in Sündenbockmechanismen eingeht. Dann sind eben solche Gruppen an allem Unheil - oder zumindest am größten Teil desselben - schuld. Daß auf Grund solch vereinfachter und "eindeutiger" Übeldiagnosen in der Geschichte nur allzuoft das Unheil drastisch gesteigert wurde, weil dann zum letzten und totalen "Kreuzzug" zur Beseitigung und Liquidierung der als "eindeutig schuldig" Gesprochenen geblasen wurde, ist hinlänglich bekannt und sollte auf die Gefährlichkeit solcher Denk- und Strategiemuster aufmerksam machen, denen man rechtzeitig, d.h. von Anfang an, widerstehen und entgegenwirken muß. Ein wichtiger und unverzichtbarer Partner in solchem Widerstand und Entgegenwirken wird der auf medialen und politischen Märkten *allseitig kritische Konsument* sein, der die vereinfachenden, aggressiven und damit gefährlichen Pauschalierer rechtzeitig erkennt und entlarvt, ihnen die Gefolgschaft verweigert und die gewissenhaften, sorgsamen und seriösen Recherchierer, Analysierer, Differenzierer und Praktizierer durch Gefolgschaft ermutigt, unterstützt und belohnt.

3. Nicht nur die eben diskutierten Vereinfachungsmechanismen, sondern auch andere Faktoren medialer Politikvermittlung bewirken einen für die Politik als Dienst am Gemeinwohl abträglichen Wirklichkeitsverlust, und zwar die Tendenz, politische Bericht-

erstattung als *Unterhaltung* zu präsentieren bzw. zu genießen[121], sowie das Überangebot an akustisch und optisch dominanter politischer Information. Die meisten Menschen betrachten ja Zeitunglesen und Fernsehschauen nicht als Erfüllung einer Berufspflicht, bei der man eventuell auch eine gewisse Mühe auf sich nimmt, sondern als Freizeit-"Beschäftigung", von der man eine gewisse Entspannung und Unterhaltung erwartet. Dies gilt auch - zumindest in nicht geringem Ausmaß - für den politischen Medienkonsum. Steht nun aber der Unterhaltungsaspekt politischer Berichterstattung zu sehr im Vordergrund und artet politische Berichterstattung im Fernsehen zu einem Medientheater aus, dann kommen die Seriosität und die notwendige ernste Beschäftigung auch mit unangenehmen Themen allzuleicht zu kurz.

Zu kurz kommt auch der Gehalt politischer Probleme, politischer Ideen und politischer Prozesse infolge der *Informationsflut* politischer Berichterstattung, weil sich Gedanken nun einmal nicht filmen lassen und die Unfähigkeit politischen Verständnisses sich nicht durch die Quantität akustischen und optischen Medienkonsums kompensieren läßt. Dazu kommt noch, daß das "Life-Bild" die Illusion nährt, bei einem politischen Ereignis dabeigewesen zu sein, wobei man ja meist nur einen Teil des Geschehens, oft gar nicht den wichtigsten, gesehen hat. Nicht zu übersehen ist auch die durch das Informationsüberangebot erschwerte politische Wertorientierung,[122] die zum unverbindlichen *Wertrelativismus,* zur politischen Gleichgültigkeit oder zum gefährlichen kompensatorischen Ruf nach einem starken Mann führen kann.

Gegensteuerungen zu den eben aufgezeigten medialen Gefährdungen des politischen Gemeinwohls sind u. a. möglich durch die Bereitschaft der Medienproduzenten und -konsumenten, auch in der politischen Berichterstattung *anspruchsvoll* zu sein, durch die Bereitschaft, sich um ergänzende Hintergrundinformationen zu kümmern, sowie durch das Wachhalten des Bewußtseins von der *Ausschnitthaftigkeit* politischer Berichterstattung, abgesehen davon, daß immer wieder auch die Gefahr bewußter Manipulation mittels Ausschnitthaftigkeit besteht. Was die Gefahr des Wertorientierungsverlustes anlangt, so ist in diesem Zusammenhang an die

Notwendigkeit der Stärkung jener Institutionen der *Wertvermittlung* zu erinnern, in denen überzeugende Wertvermittlung durch vertrauensfundierte persönliche Begegnung glaubwürdig eher möglich ist, z.B. innerhalb der Familie, in den sinnstiftenden und sinnvermittelnden Religions- und Weltanschauungsgemeinschaften, in den Schulen und auch in den überschaubaren politischen Bewegungen und Gemeinschaften. Einer "Wertorientierung" durch anonyme Massenmedien darf nicht zuviel zugetraut und vertraut werden, vielmehr müssen auch in diesem Punkt - wie überhaupt - die Massenmedien entmythologisiert und entzaubert werden. Eine gewisse Skepsis ist hier am Platz. Eine solche scheint umso notwendiger zu sein, je mehr in der Durchschnittsbevölkerung als Beweis für eine Behauptung nur allzu häufig die Antwort gegeben wird: "Das haben die Zeitungen geschrieben"; oder: "Das hat man im Radio gesagt, und ich habe es im Fernsehen gesehen."

4. Freilich bedürfen die Massenmedien zwecks Erfüllung ihrer Gemeinwohlfunktion auch im Blick auf die Politik eines entsprechenden *Vertrauens,* aber keines blinden, sondern eines verdienten, begründeten und kritischen. Wie oben bereits erörtert wurde, sollen ja die Massenmedien als wichtigste Artikulatoren der öffentlichen Meinung die *politische Macht kontrollieren,* wozu sie naturgemäß auf das Vertrauen der Leser und Seher angewiesen sind. Da sie aber, um diese Funktion wirkungsvoll ausüben zu können, selbst einen Machtfaktor darstellen, können sie ihre Macht und das ihnen geschenkte Vertrauen mißbrauchen, sodaß sich die Frage stellt: "Wer kontrolliert die Kontrolleure?" Eine Antwort darauf ist oben versucht worden. Im hier erörterten Zusammenhang gilt es, zwei Faktoren besonders zu betonen: die Wichtigkeit der *Persönlichkeit* des politischen *Journalisten* und seines Ethos sowie die Wichtigkeit des wachsamen Lesens und Sehens. Was die Persönlichkeit des Journalisten und sein Ethos anlangt, so wird diese allzuoft durch die belastende Arbeitssituation der Journalisten gefährdet, wo "Größenwahn", Inkompetenz, Streß, Zeitdruck, Konkurrenzdruck, Platzdruck und Meinungsdruck häufig als Realfaktoren am Werk sind.[123] Das gemeinte journalistische Ethos drückte der Wissen-

schaftler und Journalist R. *Marcic* in einem Katalogentwurf von Rechtspflichten aus, der nicht nur für den politischen Journalisten als Orientierung dienen kann. *Marcic* schreibt darin u.a.: Der Publizist "anerkennt in jedem präsumptiven Leser als seinem Adressaten einen Mitmenschen, dessen Würde er zu achten hat... Er wird den Rechtsgedanken, damit den Frieden, pflegen, die Gewalt nicht verteidigen, es sei denn, es stehen das Naturrecht auf Widerstand (ius resistendi) um der Menschenwürde willen, ein Notstand, Notwehr oder sonst ein Ausnahmezustand zur Frage... Es [sic!] wird nie für die 'Staatsraison'(ratio status, gloire de l'état) zu Lasten des Gemeinwohls, der Rechtsraison und der Menschenwürde die Lanze brechen. Er wird in der Öffentlichkeit den Sinn für Gerechtigkeit wekken, wachhalten, schärfen, - für Gerechtigkeit in allen ihren sozialen, kulturellen, ökonomischen, individuellen, singulären Ausfaltungen! Er wird sich stets einer der Hauptrechtspflichten und des eigentlichen Zwecks der Rechtsordnung besinnen, mithin rücksichtslos den unverschuldet in Not Geratenen beispringen, für die Geknechteten, Erniedrigten, Gedemütigten, Verfolgten, - kurz: für die Schwachen und 'Kleinen' gegen die Starken und 'Großen' die Trommel rühren.
Er wird ohne Ansehen der Person Mißstände aufdecken und Machenschaften anprangern, wobei er freilich jeweils wird abschätzen müssen, was den Zeitpunkt und die Art anlangt, ob der Schaden erheblicher ist, der aus dem besagten Übel erwächst, oder der, den das Ärgernis anrichtet, das eine Aufdeckung erregen würde.
Er wird niemals den Haß schüren, keine Hetze betreiben; vielmehr wird er den vernünftigen Ausgleich zum Leitbild erheben und sich in den Dienst des Prinzips der Liebe stellen.
Er wird nie die Macht seines Wortes mißbrauchen, weder kommerziell noch politisch, noch gesellschaftlich oder sonstwie."[124]

Was die oben genannte Wichtigkeit der *Wachsamkeit des Lesens und Sehens* als eines bedeutenden Faktors in der "Kontrolle der Kontrolleure" anlangt, so kann diese nicht genug betont werden, gerade angesichts des diesbezüglichen Defizits, der sich doch auch z. B. im relativ großen Erfolg der oberflächlichen, seichten, oft demagogischen Boulevardpresse und in dem relativ geringen Auflageerfolg der seriösen Presse zeigt. So möchte ich in Abwandlung einer oben zitierten Aussage J. *Messners*[125] die gemeinwohlbedeutende Funktion der öffentlichen Meinung formulieren: Wir kommen zum Ergebnis, daß der sich wohlinformierende, verantwortungsbewußte, wachsame und allseitig kritische Leser und Seher einer der allerwichtigsten Kontroll- und Gemeinwohlfaktoren der modernen Massenmediengesellschaft ist.

Die Macht der Medien ist also auch in bezug auf politische Manipulationsmöglichkeiten eine relative, eine begrenzte, begrenzt vor allem durch die Dispositionen, Meinungen und Einstellungen ihrer "Konsumenten." Das hat man z. B. in Österreich bei der auflagestärksten Tageszeitung "Neue Kronen-Zeitung" im Scheitern ihres Engagements beim Volksbegehren gegen Hainburg erlebt. Der Kommunikationsforscher H. R. *Uekermann* dürfte recht haben, wenn er schreibt: "Insgesamt geht aus der Medienforschung hervor, daß der Einfluß der Massenmedien auf politische Meinungen und Einstellungen bei den Mediennutzern und Wählern stets in Abhängigkeit schon vorhandener Meinungen und Einstellungen zu sehen ist. Denn diese wirken wie ein Filter..."[126] Das soll aber nicht heißen, daß die Medien auf verschiedenen Feldern wie der Thematisierung von Problemen und Darstellung von Personen nicht großen Einfluß haben.

5. Eine weitere Eigenart medial vermittelter Politik, die zum Gemeinwohlproblem werden kann, ist die *Personalisierung* der Politik. Damit ist nicht eine Zunahme persönlicher Kontakte zwischen Politikern und Wählern gemeint - im Gegenteil, im Medienzeitalter erfolgt die Kommunikation zwischen Volksvertreter und Wähler zunehmend über die Medien, und die Politiker erfahren die Wünsche, Vorstellungen und Werthaltungen der Wähler zunehmend über Umfrageergebnisse und nicht sosehr über persönliche Kontakte.[127]

Mit Personalisierung der Politik im Medienzeitalter ist vielmehr die Tendenz der Massenmedien gemeint, Positives und Negatives in der Politik jeweils an *Einzelpersonen* aufzuhängen und damit zusammenhängend ihre Tendenz, die einen, die Guten, aufzubauen und zu Supermenschen hochzustilisieren, andere hingegen wiederum - oft in einer Hetzkampagne - aufzudecken, zu demontieren und zu Sündenböcken zu stempeln. Das Problem für das Gemeinwohl liegt nun darin, daß durch solche vereinfachenden Hochstilisierungen viel Wichtiges ausgeblendet bleibt, die Wichtigkeit vieler "Bauleute des Guten" und die Tatsache vieler "Wegbereiter des Bösen" übersehen werden, daß ferner falsche Erwartungen an die "Allmacht" einzelner Politiker genährt werden und die Verflechtungsnetze der Korruption unentdeckt bleiben, jener Korruption, die ja oft im Kleinen ihre Wurzeln hat. Die Gefahr für das Gemeinwohl liegt auch in der spätestens seit *Hitler* allgemein bekannten Tatsache, daß ein allzu starker Wunsch nach einem starken Führer jene Machtschwelle übersehen "helfen" kann, ab welcher ein diktatorischer Führer schwer rückrufbar ist. Letzteres muß ja nicht immer so folgenschwer verlaufen wie bei *Hitler*. Der Schaden ist groß genug, wenn zu Supermenschen hochstilisierte Politiker gegen rechtzeitiges und berechtigtes Mißtrauen teilweise immun sind.

Solchen Gefahren ist auf breiter Basis gegenzusteuern. Eine von den Medienkonsumenten geförderte und belohnte *objektive Medieninformation* kann hier wertvolle Hilfe sein. Auch ein Aufbau persönlich überschaubarer und ineinandergreifender politischer Vertrauensfelder kann viel wirklichkeitsgemäßes Basiswissen vermitteln; vielleicht auch ein offenes Nachdenken, ob in einem bestimmten Fall nicht der Satz gilt: "Niemand ist so gut wie sein Ruf, niemand so schlecht wie sein Ruf."

8. Systemtreue - Person

Mit dem Wort bzw. Begriff *System* kann Verschiedenes gemeint sein. In unserem Themenzusammenhang soll unter System die jeweilige Form der staatlichen, gesellschaftlichen bzw. wirtschaftlichen Organisation samt der damit verbundenen Institutionalisierung verstanden werden, wobei ein wesentliches Ziel solcher Organisation und Institutionalisierung darin liegt, die vielen einzelnen und Gruppen eines Sozialgebildes zu einer Kooperationseinheit zusammenzufassen.

Politik als interessengeleiteter Kampf um die rechte Ordnung mit Mitteln der Macht beschäftigt sich wesentlich mit der Gestaltung des staatlichen, gesellschaftlichen und wirtschaftlichen Systems, das politische Verhalten und Handeln von einzelnen und Gruppen wird aber auch in nicht unerheblichem Ausmaß vom jeweiligen staatlichen, gesellschaftlichen und wirtschaftlichen System geprägt. Im Idealfall sollte es kaum Diskrepanzen zwischen den Zielen des Systems und den Interessen der menschlichen Person und ihrer Würde geben. In der Realität gibt es aber je nach der Art des jeweiligen Systems schwerere oder leichtere Spannungen bzw. Gegensätze zwischen beiden. Systeme politischer und politikrelevanter Art laufen mitunter in ihrer Tendenz zur *Koordinierung und Integrierung* der einzelnen und der Gruppen Gefahr, elementare Bedürfnisse der einzelnen und der Gruppen mit Berufung auf das "höhere Ziel des Systems" zu mißachten, was besonders dann der Fall sein kann und sein wird, wenn diese "höheren Ziele des Systems" nicht von den elementaren Bedürfnissen der einzelnen und der Gruppen, sondern von ideologischen Interessen der Herrschaftscliquen her definiert werden. Systeme müssen in gewissem Sinn und Ausmaß ein *Beharrungsvermögen und eine Selbsterhaltungstendenz* aufweisen. Sie müssen dabei auch den egoistischen Bestrebungen von einzelnen und Gruppen entgegenwirken, um so das Gemeinwohl samt den damit verbundenen berechtigten Eigeninteressen aller einzelnen zu sichern. Nicht zuletzt deshalb, weil es bei politischen und politikrelevanten Systemen um Macht geht, liegt aber die Versuchung nahe, die jeweils strukturierte Systemerhaltung zum Selbstzweck zu erheben bzw. als Selbstzweck zu verfolgen. Minderheitenanliegen und im herrschenden gesellschaftlichen Bewußtsein vernachlässigte, aber berechtigte Interessen können dabei besonders leicht zu kurz kommen, und zwar auch in sogenannten demokratischen Systemen. In *geschlossenen, totalitären* und *diktatorischen* Systemen ist ja die Mißachtung der Person, ihrer Würde und ihrer berechtigten Interessen in einem gewissen Sinn vorprogrammiert. Die Geschichte der Menschheit und ihrer politischen Systeme bietet dafür genügend Anschauungsbeispiele.

Wie kann man solcher Gefährdung des Menschen und seiner Würde entgegenwirken? Dadurch, daß man im Namen der Moral die hohe Bedeutung der *menschlichen Person* immer wieder in Bekenntnissen betont? - Sicher wird es immer wieder solcher ausdrücklicher programmatischer Erklärungen bedürfen, um das Bewußtsein für eine menschenwürdige und menschengerechte Politik wachzuhalten und zu schärfen. Aber Verbalbekenntnisse genügen nicht, zumal es solcher Bekenntnisse allgemeiner Art nicht wenige gibt und sie bisher eine Mißachtung des Menschen und seiner Würde in der und durch die Politik nicht hinreichend verhindern konnten. Dabei möchte man solche Bekenntnisse zum Menschen und seiner Würde nicht missen, denn ohne sie wäre die politische Praxis wahrscheinlich noch schlechter.

Man kann also froh sein darüber, daß das II. Vatikanische Konzil formulieren konnte: "Es ist fast einmütige Auffassung der Gläubigen und der Nichtgläubigen, daß alles auf Erden auf den Menschen als seinen Mittel- und Höhepunkt hinzuordnen ist."[128] Man kann auch, zum Teil und insofern dies ein Bekenntnis zum Menschen ist, froh sein über den kategorischen Imperativ von Karl *Marx* mit der Formulierung: "Die Kritik der Religion endet mit der Lehre, daß der *Mensch das höchste Wesen für den Menschen* sei, also mit dem *kategorischen Imperativ,* alle Verhältnisse umzuwerfen, in denen der Mensch ein erniedrigtes, ein geknechtetes, ein verlassenes, ein verächtliches Wesen ist"[129], wenn es natürlich auch, gelinde gesagt, problematisch ist, den Menschen zum höchsten Wesen für den Menschen zu machen und ihn damit sozusagen in die Hände von Menschen auszuliefern, weil er dann allzuleicht in die Hände von Unmenschen geraten kann. - Man kann froh sein darüber, daß die Völkergemeinschaft in der Allgemeinen Erklärung der *Menschenrechte* ein eindeutiges Bekenntnis zum Menschen, zu seiner Würde und zu seinen Rechten abgelegt hat und die Generalversammlung der Vereinten Nationen am 10. 12. 1948 in der Präambel dieser Erklärung formuliert hat: "Da die Anerkennung der allen Mitgliedern der menschlichen Familie innewohnenden Würde und ihrer gleichen und unveräußerlichen Rechte die Grundlage der Freiheit, der Gerechtigkeit und des Friedens bildet, ... verkündet die Generalversammlung die vorliegende Erklärung der Menschenrechte als das von allen Völkern und Nationen zu erreichende gemeinsame Ideal..."[130]; man kann auch froh sein darüber, daß in der Folgezeit in den *Menschenrechtskonventionen* auf universaler und regionaler Ebene die Menschenrechte verbindliches Völkerrecht geworden sind, daß ebenfalls auf internationaler Ebene zwecks Einhaltung der Menschenrechte sich Kontrollinstanzen und Kontrollmechanismen herauszubilden beginnen und daß in den meisten, wenn nicht gar allen, Staatsverfassungen der Welt die Menschenrechte als Grund- und Freiheitsrechte verankert sind. - Man kann weiters auch froh sein darüber, daß die katholische Soziallehre bei aller Betonung des Gemeinwohls und des Vorrangs des Gemeinwohls vor dem Einzelwohl auf gleicher Ebene - und bei näherem Zusehen gerade deswegen - den Vorrang der Person vor der Gesellschaft[131] und damit vor dem System erklärt, daß das Personprinzip in der Enzyklika "Mater et Magistra" *Johannes XXIII.* die oben bereits zitierte klassische Formulierung gefunden hat: "Nach dem obersten Grundsatz dieser Lehre muß der Mensch der Träger, Schöpfer und das Ziel aller gesellschaftlichen Einrichtungen sein. Und zwar der Mensch, sofern er von Natur aus auf Mit-Sein angelegt und zugleich zu einer höheren Ordnung berufen ist, die die Natur übersteigt und diese zugleich überwindet."[132] Und man kann auch froh sein darüber, daß die anderen Prinzipien der katholischen Soziallehre, das *Gemeinwohl-*, das *Solidaritäts-* und das *Subsidiaritätsprinzip,* dem Anliegen der menschlichen Person, ihrer Würde und ihren Freiheitsrechten dienen wollen und sollen, freilich der menschlichen Person in ihrer individuellen *und* sozialen Dimension und vor allem auch in ihrer Vielzahl und ohne Ausnahme.

Aber, so fragt man sich, warum wird trotz solcher Bekenntnisse und Erklärungen die kommunale, nationale und internationale Politik diesen Menschenrechten oft so wenig gerecht? Warum gibt und gab es z. B. im Einflußbereich des Marxismus-Leninismus und von rechtsgerichteten Diktaturen so viele Verstöße gegen die Menschenrechte? Warum gibt und gab es im Einflußbereich des Christentums doch auch nicht wenige Menschenrechtsdefizite in der Politik?

Die Antwort auf solche Fragen ist nicht einfach. Teilweise liegt der Grund einer dem Menschen und seiner Personwürde nicht gerecht werdenden Politik in den solcher Politik zugrundeliegenden *falschen Theorien,* die auch dadurch nicht besser und richtiger werden, daß sie erklären und vorgeben, dem Heil des Menschen dienen zu wollen. Nicht wenige Diktaturen dieser Welt haben ihre Herrschaft mit dem Versprechen der Rettung aus sozialer, politischer und sonstiger Not errungen. Auch die Partei Adolf *Hitlers* nannte sich "National-Sozialistische Deutsche Arbeiterpartei" und wollte damit zum Ausdruck bringen, daß ihre Politik dem sozialen Anliegen der Menschen und den Interessen der Arbeiter dienen will.

Die Blendung durch faszinierende wirtschaftliche, soziale und politische *Heilsversprechen* erschwert es oft, rechtzeitig die Gefährlichkeit von politischen Gesellschaftstheorien zu erkennen, die meist auf einem ideologischen, d.h. verkürzten Menschenbild basieren, wobei hier mit J. *Messner* unter *Ideologie* der Glaube an absolute Wahrheiten und absolute Werte zu verstehen ist, "die für eine erstrebte Sozialordnung maßgebend sein sollen, aber im Widerstreit zur Wirklichkeit menschlichen und gesellschaftlichen Seins stehen."[133] Legen dann solche ideologische Politiktheorien Bekenntnisse zum Menschen und seinem Heil ab, meinen sie nicht alle Menschen, sondern oft nur eine *bestimmte* Rasse, Klasse oder sonstige Gruppe. Im Nationalsozialismus war die arische Rasse die Heilsbringerin und Heilsempfängerin, während die jüdische Rasse zu einer zu liquidierenden Todfeindin gestempelt wurde. Im Marxismus-Leninismus war und ist es die Arbeiterklasse, durch die und

für die das endgültige Heil in diese Welt kommen soll, während die Kapitalisten zu Klassenfeinden gestempelt wurden.
So muß eine Strategie zur Vermeidung und Überwindung menschenfeindlicher Systempolitik mit einer *kritischen Prüfung* politischer und politikrelevanter Systemtheorien auf gefährliche ideologische Elemente hin beginnen und zur Reinigung von solchen Elementen schreiten, weil sonst, wie die Erfahrung zeigt, auch in Konventionen und sonstwo vereinbarte Menschenrechte *ideologisch uminterpretiert* werden und, wenn schon nicht in ihr Gegenteil verkehrt, so doch ihres wesentlichen Gehalts beraubt werden können. Ein klassisches Beispiel hiefür ist die Menschenrechtsdeutung innerhalb des Marxismus-Leninismus. Während innerhalb der freiheitlich-demokratischen Staatsauffassungen Menschenrechte subjektive, individuelle Rechte des einzelnen darstellen, die ihm kraft seines Menschseins zustehen und auch dem Staat gegenüber geltend gemacht werden können, stellen im Marxismus-Leninismus Menschenrechte Gewährungen des Staates an den einzelnen zur Erfüllung seiner Funktion als Teil des Kollektivs dar. Es gibt dort also keine angeborenen, unveräußerlichen Menschenrechte, wiewohl sich in der letzten Zeit Tendenzen einer Entwicklung hin zu Menschenrechten im westlich-liberalen Verständnis abzeichnen. Der Vorrang des Kollektivs vor dem einzelnen und die dominierende Rolle der sich im Besitz der objektiven Gesetzmäßigkeit der Geschichte wissenden und von daher die "wahren" Interessen der Gesellschaft definierenden Partei verbieten ein den freiheitlich-demokratischen Staatswesen eigentümliches Menschenrechtsverständnis. Die Grund- bzw. Menschenrechte haben dem Aufbau der kommunistischen Gesellschaft zu dienen. So "garantiert" z. B. der immer noch geltende Art.50 der Verfassung der UdSSR die Rede-, Presse-, Versammlungs-, Kundgebungs- und Demonstrationsfreiheit "zur Festigung und Entwicklung der sozialistischen Ordnung".[134] Solcher Finalisierung und Instrumentalisierung der Menschenrechte dient auch die Theorie der Annahme von der Einheit (nicht nur Korrespondenz!) von Rechten und Pflichten, "die auf der ideologisch fixierten Annahme der grundsätzlichen Interessenidentität von Staat und Gesellschaft mit denen der Bürger basiert, da

durch die proletarische Revolution und die Diktatur des Proletariats die Ausbeutung abgeschafft sei"[135], wie J. *Marko* feststellt. So können also Menschenrechte immer wieder mit dem Hinweis auf entsprechende Pflichten vorenthalten werden.
Überhaupt stellt nach dieser Lehre die Verwirklichung des Kommunismus die beste Verwirklichung der Menschenrechte dar.
Solche Ideologisierung, Finalisierung und Instrumentalisierung ist freilich geeignet, die Idee der Menschenrechte zu pervertieren. R. *Herzog* hat recht, wenn er über dieses Menschenrechtsverständnis schreibt: "Es versteht sich von selbst, daß damit der ursprüngliche Sinn der Menschenrechte, wenigstens Minimalpositionen des Individuums gegenüber dem Staat und seinem gesellschaftlichen Gesamtsystem abzustecken, in sein Gegenteil verkehrt wird."[136]
Die angesprochene kritische Prüfung und Reinigung politischer und politikrelevanter Systemtheorien von gefährlichen Ideologien ist freilich ein langwieriger, aber stets wachsam zu vollziehender Prozeß, der beim einzelnen beginnen und im echten Dialog fortgesetzt werden muß. Bezüglich des Marxismus-Leninismus geben "Glasnost" und "Perestroika" mit den damit zusammenhängenden internationalen Entspannungsschritten, Gesprächen und Vereinbarungen Anlaß zur Hoffnung.
Ideologische Politiktheorien sind also ein Grund für manche trotz menschenfreundlicher Formelbekenntnisse praktizierte menschenfeindliche Politik und damit auch ein Grund für die Spannung zwischen den Systemzwängen der Politik und dem Anliegen der Personwürde in der Ethik bzw. Moral. Ein weiterer Grund für solche Spannungen und Defizite liegt in der *fehlenden Ehrlichkeit* und im *mangelnden Ernst* des Bekenntnisses zum Menschen und seiner Würde. Abgesehen von dem extrem gelagerten Fall, daß solches Bekenntnis auch eine Kompensation für Grausamkeiten sein kann - nach der Formel: je weniger man Liebe, Gerechtigkeit und Frieden übt, umso mehr redet man davon -, sind ja solche Bekenntnisse sehr oft einseitig als *Pflichtanrufe für andere* gemeint. Eine wichtige Hilfe zur Verbesserung der Politik im Interesse des Menschen und seiner Würde liegt diesbezüglich darin, daß sich jedermann ehrlich die Frage stellt, wo *er* einen *unvertretbaren*

Beitrag zu einer menschengerechten Politik zu leisten hat, und daß jeder dann mit gutem Beispiel vorangeht.
Damit hängt ein weiterer Grund für die gemeinten Spannungen und Defizite zusammen, nämlich *mangelnde Wahrnehmung* und *Konkretisierung* von Grundsatzbekenntnissen in Durchführungsbestimmungen der Gesetze und in Schaffung von entsprechenden weiteren Einrichtungen, welche erfahrungsgemäß die Freiheit der einzelnen und ihre grundlegenden Interessen zu sichern imstande sind, wie z. B. die rechtsstaatliche Demokratie mit dem Mehrparteiensystem, der Ausbau funktionierender Kontrollinstanzen und Kontrollmechanismen wie der unabhängigen Gerichte und nicht zuletzt freie und unabhängige Massenmedien.
Schließlich darf auf der Suche nach Gründen für die genannten Spannungsdefizite nicht übersehen werden, daß jedes System mit seiner Institutionalisierung teilhat an den Licht- *und* Schattenseiten von *Institutionen*. Zu den Lichtseiten von Institutionen zählt u. a. die Tatsache, daß gewisse grundlegende soziale Bedürfnisse mittels Institutionen auf geregeltem Weg befriedigt werden und daß diese Befriedigung nicht dem Zufall oder der Spontaneität überlassen bleibt, sondern in gewisser Weise garantiert wird. Nachteile und Schattenseiten von Institutionen liegen darin, daß das Ursprüngliche und Spontane verlorengeht, Neues nicht entsprechend erfaßt und berücksichtigt wird, das Persönliche und Individuelle in den Hintergrund tritt und daß eine gewisse Erstarrung möglich ist. Die Lösung des Problems wird dahingehend zu suchen sein, daß auch und gerade im politischen Leben beim Handeln mittels Institutionen möglichst viele geistvolle und schöpferische Menschen die Systeminstitutionen mit Leben erfüllen und daß solche "charismatische Menschen" das politische, soziale und wirtschaftliche System samt den damit verbundenen Institutionen ständig einer Reform unterziehen.

9. Materielle Güter - immaterielle Werte

Ein weiteres Spannungsfeld zwischen Politik und Moral ergibt sich aus der Tatsache, daß die Politik allzusehr um materielle Güter kreist, während es in der Ethik bzw. Moral wesentlich um Sinngehalte und immaterielle Werte samt deren Transzendenzbezug geht. In der Politik spielen die *materiellen Güter* eine große, mitunter eine allzugroße Rolle, sodaß ich zu sagen pflege: Wahlen werden nach den "Gurkenpreisen" entschieden und nicht nach dem gebührenden Schutzrespekt vor dem ungeborenen Leben. Diese große Rolle materieller Güter in der Politik zeigt sich verschiedentlich. Sie zeigt sich z. B. in der großen Furcht regierender Parteien vor Wahlen, der Bevölkerung Steuern oder ähnliche Belastungen aufzuerlegen, sowie in der Tendenz der Regierungen, vor Wahlen in Geld ausdrückbare "Wahlzuckerln" zu verteilen. Sie zeigt sich damit zusammenhängend in der großen Aufmerksamkeit, die Rentenerhöhungsversprechungen und Rentenkürzungsbefürchtungen vor Wahlen geschenkt wird. Sie zeigt sich ferner darin, daß Korruption und Skandale in der Politik sehr häufig wirtschaftliche Elemente enthalten und einen wirtschaftlichen Hintergrund aufweisen. Und sie zeigt sich auch darin, daß selbst Diktaturen nicht nur das Volk vielfach mittels "panem et circenses" (Brot und Zirkusspielen) bei guter Laune zu halten trachteten und trachten, sondern aus wirtschaftlichen Gründen heraus oft gezwungen werden, von ihrer ideologisch harten Position abzurücken, wie man dies etwa derzeit beim Liberalisierungsprozeß kommunistischer Oststaaten mit der UdSSR an der Spitze erlebt und wie dies auch beim Waffenstillstand zwischen dem Iran und Irak zutage getreten ist, der ja nicht zuletzt aus der militärisch-wirtschaftlichen Engpaßsituation des Iran heraus zustandegekommen ist. Dabei ist es durchaus von moralischer Bedeutung, daß wirtschaftliche Faktoren den Ideologien und ihren Wirkmöglichkeiten Grenzen setzen und daß die Verteilung materieller Güter und damit auch die Verteilung von Lebenschancen eine entsprechende Rolle in der Politik spielen. Der Akzent liegt hier aber auf dem Wort *"entsprechend"* und die problematische Spannung beginnt dort, wo infolge der Dominanz

wirtschaftlicher Themen und Gesichtspunkte in der Politik moralische, kulturelle und religiöse Werte nicht nur in den Hintergrund treten, sondern auch "verkauft" werden.
Freilich ist die Behandlung immaterieller Werte in der Politik und durch die Politik eine *heikle Angelegenheit.* Heikel nicht nur deswegen, weil sich über moderne Kunst nicht nur bei Thomas *Bernhards* Stücken die Gemüter besonders heiß zu erregen vermögen, sondern vor allem auch deswegen, weil einerseits eine grundsatzlose und zu pragmatische Politik dem nach *Sinn* fragenden und Sinn suchenden Menschen auf Dauer keine Befriedigung zu geben vermag, weil aber andererseits über immaterielle Werte nicht so leicht eine Einigung, auch eine Kompromißlösung, zu erzielen ist wie über materielle Güter.
Dazu kommt noch, daß bei *Weltanschauungskonflikten* in der Politik eine gewisse Gefahr besteht, daß sie zu den als besonders hart und heiß geltenden Kämpfen um letzte Wahrheiten eskalieren und als "heilige" oder besser gesagt "unheilige Kriege" geführt werden, wie es die Religionskriege und Kreuzzüge der Geschichte samt dem iranischen Beispiel mit dem schiitischen Fundamentalismus zur Genüge beweisen.
Eine befriedigende Lösung der Spannung zwischen dem Unbehagen infolge zunehmender *Ökonomisierung* und *Materialisierung* der Politik[137], das sich auch in immer wieder auftauchenden Forderungen nach einer Ideologie- bzw. Grundsatzdebatte in der Politik zeigt, und der Furcht vor einer *Eskalation solcher Ideologisierung* der Politik zum letzten Kampf um letzte Wahrheiten wird zu einer behutsam durchzuführenden Gratwanderung, zu einer notwendigen Fahrt zwischen Scylla und Charybdis. Dabei ist zu vermerken, daß in diesem Zusammenhang der Begriff Ideologie zunächst nicht negativ gebraucht, sondern im weiteren Sinn als Weltanschauung gemeint ist. Die Lösung des Problems liegt sicherlich nicht darin, daß man schwierige und mitunter auch unangenehme Grundsatzfragen, wie z. B. die grundlegende Frage nach der Wahrheit um den Menschen, aus der Politik grundsätzlich *ausklammert,* wie dies etwa mitunter in der Diskussion um die Behandlung des ungeborenen Lebens den Anschein

erweckt, wenn nämlich derzeit in Österreich die geltende Fristenlösung fast wie ein Tabu erscheint. Eine solche tabuisierende Ausklammerung ist schon deshalb nicht befriedigend, weil hierin ja auch eine "Grundsatzwahrheit" zur Geltung kommt, aber eine, die der herrschenden Status-quo-Regelung entspricht und durchaus eine ungerechtfertigte sein kann. Dabei soll selbstverständlich nicht die Politik Wahrheitsfragen entscheiden, sie soll aber jenen *Freiraum schaffen* bzw. gewähren, in dem die Wissenschaft sowie die sinnstiftenden und sinnvermittelnden Institutionen eine Verständigung über Wahrheits- und Sinnfragen erzielen können; und sie soll dann vor allem die auf solchen Vorfeldern erzielte Verständigung in ihren Entscheidungen respektieren. Die Wahrheit über den Beginn des menschlichen Lebens ist z.B. eine solche Wahrheit, die politisch nicht zu entscheiden, sondern in den Entscheidungen der Politik zu respektieren ist. Daß die Tötungsfreigabe der Embryos innerhalb einer bestimmten Frist letztlich darin ihren Grund hat, weil diese als Wähler nicht zu "fürchten" sind und auch ihre Anwälte versagen bzw. zu schwach sind, und daß damit die äußerst bedenkliche Gleichsetzung von "machtlos = rechtlos"[138] begünstigt, wenn nicht gar betrieben wird, ist ein besonders brennendes Problem der Moral in der Politik, das oben bei der Erörterung des Spannungsproblems von Macht und Moral bereits berührt worden ist. Hier speziell muß die Parole: "Helfen statt töten" richtungsweisend sein.

Bei der Lösung der anstehenden Probleme wird es auch sehr darauf ankommen, sich die positiven und die negativen Seiten einer *politethischen Grundsatzdiskussion* vor Augen zu führen, um dann die positiven Seiten zur Geltung zu bringen und die Gefahren zu vermeiden.[139] Zu den Vorteilen einer solchen Diskussion zählt zweifelsohne die Tatsache, daß dadurch der in der Politik stattfindende Kampf um die rechte Ordnung der Prüfung unterzogen wird und festzustellen versucht wird, wieweit diese Ordnung eine zeitgemäße, an den Grundbedürfnissen der Menschen ausgerichtete und ihrer Menschenwürde gerecht werdende ist und wieweit dieser Kampf wirklich einer solchen Ordnung dienlich ist. Positiv ist auch die damit gegebene Chance, daß dabei ein Wettbewerb der Parteien um das bessere Programm stattfinden, daß so eine bewußtere Identifikation der politisch Engagierten mit den Zielen der Politik erfolgen kann, daß dadurch auch mehr wertvolle Menschen für ein solches Engagement gewonnen werden können und daß durch eine Neubesinnung auf die moralischen Grundsätze der Politik die politischen Funktionäre und Machtträger samt ihren Entscheidungen, Einstellungen und Verhaltensweisen eher einer *konstruktiven Kritik* unterzogen werden. So kann auch der in der Politik so häufig anzutreffenden Erscheinung des allzu starken Auseinanderklaffens zwischen hohen verbalen Ankündigungen und dem tatsächlichen Verhalten entgegengewirkt werden.

Eine politethische Grundsatzdiskussion kann sodann in einer wissenschaftsgläubigen und von Technokraten dominierten Welt klarstellen, daß politische Entscheidungen letztlich *Wertentscheidungen* sind, die Wissenschaft und Technik ernstnehmen sollen, ihr wesentliches Maß aber an der weltanschaulich und religiös begriffenen Menschenwürde zu nehmen haben. Schließlich kann in einer Welt, in der die Menschen nach V. *Frankl* immer mehr haben, wovon sie leben können, "aber nichts mehr, wofür sie leben können"[140], eine recht verstandene, immer wieder zu führende Ideologiedebatte diese Sinn- und Orientierungsfrage überwinden helfen. Dabei können auch die in der *Religion* liegenden Orientierungs- und Motivationsressourcen entdeckt und für eine menschengerechte Politik mobilisiert werden; Ressourcen, auf die auch eine säkularisierte Welt nicht ohne Humanitätsverlust verzichten kann.

Mit dem Stichwort Religion werden wir aber auch auf die *Gefahren* einer verstärkten Ideologisierung der Politik aufmerksam, wobei Ideologie hier bisher im weiteren Sinn des Wortes, im Sinne von Weltanschauung, gemeint war. Es können sich nämlich daraus verstärkt Ideologien im negativen Sinn entwickeln, religionsähnliche innerweltliche Heilslehren, wobei mit J. *Messner,* wie bereits oben erwähnt, die negative Ideologie als Glaube an absolute Wahrheiten und absolute Werte definiert werden kann, "die für eine erstrebte Sozialordnung maßgebend sein sollen, aber im Widerstreit zur Wirklichkeit menschlichen und gesellschaftlichen Seins stehen."[141] Politik als interessengeleiteter Kampf um die rechte

Ordnung mit Mitteln der Macht, bei welchem der Kompromiß ein gängiges Konfliktlösungsinstrument darstellt, kann dann schwieriger werden, weil Sacherwägungen und Interessenabwägungen in den Hintergrund treten, zu viele Probleme vorschnell zu (letzten) *Prinzipienfragen* hochstilisiert werden und allzufrüh zum Kampf um letzte Werte und damit oft zum "heiligen" oder besser gesagt "unheiligen Krieg" geblasen wird. Zur Klugheit, Besonnenheit, Mäßigung und zum Kompromiß Mahnende und Ratende können dabei vorschnell als prinzipienlose Taktierer, als opportunistische Pragmatiker und als Verräter an der "Reinheit der Lehre" denunziert werden. Abgesehen davon, daß eine solche Ideologisierung der Politik allzuleicht zu einer politischen Denunziation des Gegners verkommt, wie es A. *Pelinka*[142] ausdrückt, ist bei einer verstärkten Ideologisierung der Politik auf eine weitere Gefahr aufmerksam zu machen, daß nämlich daraus eine *grundsatzstarre* Politik werden kann, die unsensibel ist für ihre unmenschlichen Folgen, weil sie sich ja des Sieges und des Heiles gewiß ist, des Siegerheiles, das eben einen entsprechenden Preis erfordert.

Auf noch etwas muß im Zusammenhang politischer Grundsatzdiskussion aufmerksam gemacht werden: auf die Tatsache, daß es in der pluralistischen Demokratie des ständigen Bemühens bedarf, eine Kultur gesellschaftlicher und damit menschlicher Grundwerte zu betreiben. In der wertpluralen Gesellschaft mit der Freiheit, Vielheit und Vielfalt von Weltanschauungen und Religionsbekenntnissen kann der nötige *Grundwertkonsens* als tragende Basis des Staates und der Gesellschaft verlorengehen, wenn er nicht dauernd gesucht und gepflegt wird. Die gemeinte notwendige Kultur der Grundwerte ist dabei nicht etwas ein für allemal Gegebenes, sondern bedarf der laufenden *Verankerung:* in den Familien, die Zellen der Gesellschaft und des Staates sind, in den Schulen, die ihr Wirken nicht auf Wissensvermittlung reduzieren dürfen, in der Erwachsenenbildung, durch die Massenmedien, überhaupt in gesellschaftlichen und politischen Organisationen. F. M. *Schmölz* hat recht, wenn er in diesem Zusammenhang an die Maxime des Altmeisters der deutschen Politikwissenschaft, E. *Fraenkel* erinnert:

"Man kann sich den Luxus der pluralistischen Gesellschaft erst leisten, wenn die gemeinsame Basis gesichert ist, auf der sich der Pluralismus abspielen kann".[143]
Eine Kultur der Grundwerte wird auch der zentrale Sinn und Gehalt der immer wieder genannten und geforderten *politischen Kultur* sein müssen. Denn kurz und allgemeinst formuliert, ist Kultur nach J. *Messner* "Wertverwirklichung", oder anders ausgedrückt: Kultur ist *"die gesellschaftlich-geschichtliche Form der Lebensentfaltung eines Volkes als Ganzheit* mit dem Grundziel der Persönlichkeitsentfaltung seiner Glieder durch Anteilnahme an dieser Lebensentfaltung auf den einzelnen Lebensgebieten."[144] Das Feld des Politischen zählt dabei zu den für die Lebensentfaltung nicht unbedeutendsten Lebensgebieten. So wird die genannte politische Kultur in erster Linie der menschlichen Person als jenem zentralen Grundwert ihre Aufmerksamkeit schenken müssen, aus dem sich die meisten der übrigen Grundwerte ableiten lassen, und zwar entweder als wesentliche Elemente dieses zentralen Grundwertes oder als Instrumente zur Realisierung desselben.[145] Wie oben festgestellt wurde, sind bei diesen abgeleiteten Grundwerten vor allem zu nennen: Freiheit, Gerechtigkeit (damit zusammenhängend: Gleichheit), Liebe, Wahrheit, Redlichkeit, Treue, Toleranz; Solidarität; Subsidiarität, Gemeinwohl, Friede; Ehe, Familie, Staat, Religionsgemeinschaft; und nicht zuletzt die Bewahrung der Schöpfung.
Politische Kultur darf also nicht reduziert werden auf mehr formale Aspekte des politischen Umgangstils, sondern ist wesentlich Teil der menschlichen Gesamtkultur. Deshalb ist A. *Klose* zuzustimmen, wenn er schreibt: "Politische Kultur bedeutet aber zunächst etwas anderes: Es geht darum, daß die Politik ebenso wie die Wirtschaft Kulturbereich sein soll, daß sie sich als Teil der menschlichen Gesamtkultur versteht, daß sie als eine ordnende Aufgabe des menschlichen Geistes gesehen wird und nicht als ein Mittel zur Beherrschung der Gesellschaft oder einzelner Gruppen. Politische Kultur bedeutet aber auch, daß sich die politische Auseinandersetzung in jenen Formen vollzieht, die der Menschenwürde entsprechen, daß sie aber auch in ihren Zielsetzungen sich wesenhafter Werte der Menschlichkeit bewußt wird."[146]

10. Wirklichkeit des Lebens - Normen der Ethik

Ein letztes hier zu behandelndes Spannungsfeld zwischen Politik und Moral liegt darin, daß sich auf dem Gebiet der Politik als des interessengeleiteten Kampfes um die rechte Ordnung mit Mitteln der Macht in besonderer Weise die harte Wirklichkeit des Lebens zeigt, der gerecht zu werden den Normen und Weisungen der Ethik nicht so leicht gelingt, sind doch diese in gewisser Weise immer wieder von der Wirklichkeit des Lebens abgehoben, also abstrakter Natur. Speziell und individuell sind dabei nicht nur die jeweiligen Situationen des politischen Lebens wie des Lebens überhaupt, sondern speziell und individuell sind vor allem die Menschen und ihre sittlichen und sonstigen Fähigkeiten. Das ist nur einer von mehreren Einwänden gegen die Ethik im allgemeinen und die politische Ethik im besonderen. Als weitere Einwände lassen sich nennen: die Tatsache, daß *sittliche Normen* die *persönliche Entscheidungsfreiheit* einengen und zu Zwangsjacken auf politischem Gebiet werden können, wo schöpferische Freiheitstätigkeit oft besonders dringlich ist.

Weiters ist die Gefahr zu bedenken, daß sittliche Normen der *Erstarrung* erliegen, dem Wandel der anthropologischen, gesellschaftlichen und politischen Gegebenheiten nicht gerecht werden und nicht Hilfe zur Lebensbewältigung, sondern Bremse des Fortschritts sind. Manche päpstlichen Äußerungen im vorigen Jahrhundert gegen Demokratie und Menschenrechte wären hier als Beispiel zu erwähnen. Auch die fundamentalistisch ausgelegten Lehren des Islam bezüglich des “Heiligen Kampfes bzw. Krieges” gegen die “Ungläubigen” dürften kein geeigneter Weg zum Frieden in einer Welt sein, in der jeder Krieg zu einer Totalkatastrophe eskalieren kann.

Schließlich ist als Einwand gegen sittliche Normen noch daran zu erinnern, daß sie als *Herrschaftsinstrument* in den Händen der Mächtigen zur offenen oder subtilen Unterdrückung von Untergebenen mißbraucht werden können. Bei einseitiger und unkritischer Betonung der Gehorsamspflicht der Untergebenen gegenüber den Herrschenden als “Stellvertretern Gottes” oder “Herrschern von Gottes Gnade" ohne entsprechende Betonung eines im Gewissen verankerten *Widerstandsrechts* gegenüber ungerechten Befehlen und Herrschaftsanmaßungen kann manches Unheil in der Politik begünstigt werden. Auch hat man so mitunter die Herrschaft der Herren und die Knechtschaft der Knechte legitimiert und prolongiert. Soll man wegen solcher Probleme und Mißbrauchsmöglichkeiten sittlicher Normen alle diese Normen über Bord werfen? Soll man aufhören, von der Idee eines sinnvollen Lebens geleitete generelle Forderungen an das richtige politische Handeln und Verhalten zu stellen und es dem Gefühlsempfinden, der Intuition und dem Gewissen der betreffenden Menschen überlassen, in der jeweiligen Situation das ihnen jeweils richtig Scheinende zu tun, ohne von Normen als generellen Anweisungen für richtiges Verhalten und Handeln "eingeengt" zu sein? Damit wäre selbstverständlich nicht einer moralfreien Politik das Wort geredet, die oben wegen ihrer verheerenden Folgen mit schwerwiegenden Argumenten abgelehnt wurde, sondern die Erfassung des jeweils sittlich Richtigen wäre in die *Gefühls-, Intuitions-, Situations- bzw. Gewissensentscheidung* der einzelnen gelegt ohne eine "Belastung" durch Normen bzw. generelle Weisungen traditionsgemäßer oder sonstiger Art. Um auf die oben gestellten Fragen eine begründete Antwort zu geben, muß man sich zunächst den gemachten Einwänden stellen und nach einem Abwägen von Pro und Contra den Weg zu einer richtigen Lösung suchen.

Zunächst zum Einwand, daß die Norm als *generelle Weisung* der Einmaligkeit und *Besonderheit des Individuums* kaum oder schwer gerecht werden kann. Die oben in die Diskussion gebrachte Alternative des Auslieferns der Ethik in die Praxis der einzelnen mag vielleicht auf den ersten Blick blenden und begeistern, bei näherem Zusehen und auf längere Sicht überzeugt sie aber nicht. Sie wäre vor allem keine wirkliche Hilfe und kein Weg zu einem menschenwürdigen Zusammenleben, denn es würde damit die Ethik gerade auf dem Feld der Politik mit der Dominanz von Interesse und Macht nicht nur den egoistischen Interessen der einzelnen ausgeliefert, weil jeder zu sehr nur die Einmaligkeit seiner Situation berücksichtigen und die Einmaligkeit der Situation aller anderen Betroffenen zu leicht außer acht lassen würde, sondern der einzelne würde auch der aus der Erfahrung der Gemeinschaft gewonnenen so wichtigen *Orientierungs-, Entlastungs-, Schutz- und Sozialfunktion* der guten sittlichen Normen entbehren. Müßte sozusagen jeder bei Adam und Eva beginnen und sein Lehrgeld zahlen, würde ein sittliches Chaos entstehen. Gute sittlichen Normen stellen den gar nicht so schlecht gelungenen Versuch dar, die Interessen aller Betroffenen zu berücksichtigen und miteinander in Einklang zu bringen und vor allem der Einmaligkeit der Menschenwürde all dieser Betroffenen gerecht zu werden. So üben solche Normen auch die so wichtige *Koordinations- bzw. Ordnungsfunktion* der berechtigten Freiheitsinteressen aller Betroffenen, auch der im Augenblick und in der jeweiligen Situation nicht anwesenden, aus. Dabei bleibt auch in der politischen Ethik immer noch genügend Raum für die Anwendung einer allgemeinen ethischen Regel auf die individuelle Situation, wozu es entsprechender praktischer Vernunft mit der damit verbundenen Gewissenstätigkeit bedarf. Das Gewissen hält ja mit dem Element des *Wissens Ausschau nach Orientierung,* nach Normen, und schöpft als menschliche Anlage und menschliches Organ nicht aus unergründlichen Tiefen.

Was die Berücksichtigung der Individualität der Person betrifft, so ist diese Individualität der personalen Fähigkeiten von Vernunft und Willensfreiheit vor allem bei der Frage einer eventuellen *Schuld* zu bedenken - Aspekte, denen nur Gott voll gerecht werden kann. Auch der Belastungsgrad der jeweils spezifischen Situation ist nicht immer leicht abzuwägen. Darum sind gerade bei persönlichen Schuldzuweisungen auch in der Politik große Vorsicht und Behutsamkeit geboten, nicht zuletzt in Erinnerung an das Wort der Schrift: “Richtet nicht, damit ihr nicht gerichtet werdet!” (Mt 7,1). Vor allem muß man sich im Sinne der Goldenen Regel mit dem Wortlaut: “Alles, was ihr also von anderen erwartet, das tut auch ihnen!” (Mt 7,12) ehrlich die Frage stellen, ob man selber die Sache besser gemacht hätte, ob man im Interessen- und Machtkampf der Politik den Belastungen und Versuchungen besser standgehalten und widerstanden hätte und ob man sich mit denselben Maßstäben beurteilen würde.

Mit dem oben gegebenen Hinweis auf die Freiheitskoordinationsfunktion der sittlichen Normen ist auch der zweite oben gemachte Einwand berührt und im Grunde beantwortet, der Einwand nämlich, daß Normen die *individuelle Freiheit einengen*. Gute sittliche Normen engen zwecks Sicherung der Freiheitsinteressen aller berechtigterweise die Freiheit einzelner ein. Gerade im politischen Bereich ist es wichtig, moralisch die Freiheit nicht den einzelnen und damit auch ihrer Willkür auszuliefern, weil solches allzuleicht zu grober Freiheitsberaubung anderer führen kann, wie die Geschichte zur Genüge beweist. I. *Kant* schreibt ja mit Recht von der Freiheit als dem einzigen ursprünglichen, jedem Menschen kraft seiner Menschheit zustehenden Recht, "so fern sie mit jedes Anderen Freiheit nach einem allgemeinen Gesetz zusammen bestehen kann."[147] Objektive sittliche Normen sollen ja dieses allgemeine Gesetz repräsentieren.

Daß sittliche Normen der Erstarrung erliegen und damit die positive Entwicklung auch des politischen Lebens behindern können, ist eine Gefahr, der nicht durch Abschaffung der Normen und Auslieferung der Moral an die subjektiven "Hände und Herzen" der einzelnen, sondern durch *ständige Reflexion und Überprüfung* solcher Normen auf ihre Richtigkeit und Zeitgemäßheit hin zu begegnen ist. Denn abgesehen davon, daß die Moral auch in den Händen und Herzen der einzelnen erstarren kann, muß doch festgehalten werden, daß nicht jeder gesellschaftliche und politische Wandel ein positiver ist, daß es auch einen Wandel zum Schlechteren gibt und daß gerade die Objektivität, Konstanz, Beharrlichkeit, Unbeliebigkeit und Unbeugsamkeit von sittlichen Normen solchen Normen den Charakter jener Instanz verleihen, bei der die geschädigten Opfer der Unmoral ihr oft mit Füßen getretenes Recht und ihre Menschenwürde einklagen können und von der aus und in deren Namen sich eine Gesellschaft bzw. deren Politik sittlich erneuern kann. Die ganze Freiheitsgeschichte der Menschheit mit ihren Freiheitskämpfen ist ein lebendiger Beweis dafür, daß es die objektive Idee und Norm der freiheitsorientierten Gerechtigkeit war, welche die Menschen gegen die jeweilige unbefriedigende *Faktizität der Praxis* ankämpfen und auf die Barrikaden steigen ließ. Würde man die Ethik der Faktizität der

Praxis ausliefern, dann würde sich oft die Unmoral mit dem Mantel der Moral umkleiden, nicht zuletzt auch deshalb, weil selbst das sittliche Bewußtsein korrumpiert werden kann und sich auf gar nicht so kurze Zeit einschläfern läßt. Es zeigt sich solches doch auch in parlamentarischen Untersuchungen und in Prozessen verschiedenster Art über Korruptionsfälle und Skandale, wenn es dann z.B. heißt: "Dies war allgemein üblich" (z. B. daß man Aufwandsentschädigungen von Parteifunktionären nicht versteuert, oder daß man Schmiergelder, euphemistisch Provisionen genannt, in entsprechender Höhe bezogen hat).

Um es noch einmal zu betonen: Normen, auch die der politischen Ethik, müssen immer wieder auf ihre *Zeitgemäßheit*, d.h. dahingehend überprüft werden, ob ihr ursprünglicher Sinngehalt sich in der jeweiligen Konkretisierung entsprechend ausdrückt. Um ein Beispiel zu nennen: das *Verteidigungsrecht* des Staates. Infolge des Aufkommens der modernen Waffentechnik wurde es besonders klar, daß dieses Recht kein absolutes und unbegrenztes sein kann. Es wurde in diesem Zusammenhang das Proportionalitätsprinzip deutlich herausgestellt; d.h.: Wenn die Schäden einer an sich berechtigten Verteidigung gegen ein schweres Unrecht unvergleichlich größer sind als das erlittene Unrecht, ist man verpflichtet, das Unrecht zu ertragen und sich nicht so zu verteidigen. Bei diesem Proportionalitätsprinzip kommt ein Grundprinzip der Ethik zum Tragen, nämlich das Prinzip und die Einsicht, daß das irdisch Gute ein *relativ Gutes* ist und es sehr häufig das *geringere Übel* darstellt. Das oberste sittliche Prinzip "Tue das Gute" heißt in die Realität dieser Welt, dieser unvollkommenen Welt, übersetzt sehr häufig: Realisiere das geringere von zwei oder mehreren Übeln bzw. tue das weniger Unvollkommene.

Es bleibt nun noch der oben erwähnte Einwand des Mißbrauchs sittlicher Normen zur *Legitimierung und Prolongierung ungerechtfertigter Herrschaftsverhältnisse* kurz zu behandeln. Hier muß zunächst in Erinnerung gerufen werden, was auch sonst gilt: Abusus non tollit usum, der Mißbrauch hebt den ordentlichen Gebrauch nicht auf. Und es ist noch hinzuzufügen: Mißbrauchen kann man alles, der Mißbrauch ist auch bei den als Alternative vorgeschlagenen Lösungen nicht auszuschließen. - Sodann ist zu betonen, daß nicht jede Herrschaftsordnung an sich schon schlecht ist, wenn man nämlich Herrschaft als durch Normen geregelte Macht versteht oder mit Max *Weber* Herrschaft definiert als "die Chance, für einen Befehl bestimmten Inhalts bei angebbaren Personen Gehorsam zu finden".[148] Richtige Herrschaft kann und soll dem Gemeinwohl und damit dem Wohl aller, vor allem dem Anliegen und dem Schutz ihrer Menschenwürde dienen.

Mit und aus den bisherigen Ausführungen ist klar geworden, daß eine fruchtbare Entschärfung und Lösung des Spannungsverhältnisses zwischen der Wirklichkeit des politischen Lebens und den Normen der Moral nicht in einer Abschaffung solcher Normen liegen kann, auch deshalb nicht, weil bei einer pragmatischen normlosen Ethik in den "Händen und Herzen" der einzelnen diese Moral im Sinne der oben gezeichneten Grenzmoral noch leichter als sonst im Niveau immer mehr nach unten sinken könnte. Dabei sind die Gefahr und Versuchung gar nicht so gering, sich in der harten politischen Praxis eine entsprechende Moral zurechtzubasteln und dabei die Moral dieser Praxis gemäß auch zurechtzubiegen. Würde man dies noch legitimieren, dann ginge nicht nur viel politisch-schöpferische *Realutopie* verloren, sondern auch vor allem viel *Hoffnung* für die geschädigten Opfer solcher Praxis. Eine konstruktive Lösung und fruchtbare Entschärfung und Gestaltung dieser Spannung wird anders lauten und aussehen müssen. Ansätze dazu sollen im folgenden versucht werden.

Ein erster Punkt: Eine Ethik, die der Wirklichkeit des politischen Lebens gerecht wird und diese Wirklichkeit sinnvoll und zum Wohl des Menschen gestalten hilft, wird neben *hohen Zielimperativen* auch *realitätsgemäße Stufenimperative* als Weg zu diesen hohen Zielen enthalten müssen. Beides ist wichtig. Die hohen Zielimperative sind wichtig, um sich nicht mit ungerechten Status-quo-Verhältnissen abzufinden und die Entwicklung zu immer Besserem hin im

Auge zu behalten. Die Stufenimperative sind wichtig, um nicht zu resignieren und zu verzweifeln, sondern das hier und jetzt Mögliche zu tun. Solche Stufenimperative besitzen dann naturgemäß nicht den Vollkommenheitsgrad wie die Zielimperative. Im ganzen gesehen ist es aber besser, solche Stufenimperative als Weg zu hohen Zielen zu formulieren, als nur die hohen Zielimperative gelten zu lassen, denen nur Helden und Heilige im direkten Weg gerecht werden könnten. J. *Messner* schreibt für unseren Themenzusammenhang mit Recht: "Eine weitere Folgerung aus unserer früheren Erörterung des Gemeinwohls besteht darin, daß das Gemeinwohl in seiner tatsächlichen Gestalt nie mehr als einen Näherungswert darstellt. Darum *kann die Staatsräson gebieten, das Unvollkommenere zu tun, um das Vollkommenere nicht unmöglich zu machen,* also das unter den gegebenen Umständen für das Gemeinwohl Zweckdienlichste zu tun. Die Staatsräson gebietet daher die *Realpolitik,* d.h. eine Politik des Möglichen".[149]

Ein Beispiel für das hier Gemeinte ist das *Gewaltlosigkeitsgebot* der Bergpredigt. Als Zeichen der Ankunft des Reiches Gottes als eines Reiches der Gerechtigkeit, der Liebe und des Friedens ist es eine faszinierende Idee und ein faszinierendes Gebot. Im Abkürzungsweg absolut verpflichtend gefaßt und verwirklicht, läuft es aber Gefahr, auf Kosten der Armen und Schwachen und damit gegen die Intention Jesu verstanden zu werden;[150] abgesehen davon, daß es infolge der einladenden Wirkung der Wehrlosigkeit auf Aggressoren eine Art Spirale der Gewalt in Gang setzen könnte. Innerstaatlich würde ohne jegliche Polizeigewalt die Spirale verbrecherischer Gewalt zu laufen beginnen; international ist seinerzeit infolge des nicht rechtzeitig erfolgten, effektiven Widerstandes auch gewaltsamer Art gegen *Hitler* die *Gewaltspirale* des Zweiten Weltkrieges in Gang gesetzt worden. An der Tatsache, daß es eine Spirale der Gewalt infolge fehlender effektiver Widerstandsgewalt geben kann bzw. gibt, ändert auch die Tatsache nichts, daß es auch eine Spirale der Gewalt bei Gegengewalt geben kann bzw. gibt, wobei die Frage zu klären wäre, unter welchen weiteren Bedingungen sich die eine und unter welchen weiteren Bedingungen sich die andere Gewaltspirale zu drehen beginnt. Worauf es hier ankommt, ist die Tatsache, daß das radikale Gewaltlosigkeitsgebot der Bergpredigt im Sinne des Gesamtkontextes der Bibel näherer Stufen- bzw. Annäherungsimperative bedarf. Konkret sind das: der Imperativ der Gewaltminimierung, der Imperativ der Schutzoptimierung besonders für die Armen und Schwachen; der Imperativ der Gerechtigkeit und Liebe als Existenzbedingung der Gewaltlosigkeit und dergleichen mehr.

Ein zweiter Punkt: Eine wirklichkeitsgerechte, aber ihren Grundsätzen treu bleibende politische Ethik wird ferner dem Phänomen der *unterschiedlichen Ebenenkonkretisierung* und dem sogenannten *Gesetz der abnehmenden Treffsicherheit* ethischer Grundsätze und Normen trotz Einheit des ethischen Imperativsystems Rechnung tragen müssen. Was damit gemeint ist, soll im Zusammenhang einer Kontroverse, die ich gegen die Auffassungen von W. *Becker* hege, näher erläutert werden.

W. *Becker*[151] unterscheidet zwischen zwei Kategorien der Moral bzw. der Ethik, und zwar zwischen der *Moral im klassischen Sinn* und der *politischen Ethik*, wobei gleich festzuhalten ist, daß laut *Becker* Handlungen, wie z.B. das Töten, die in der klassischen Moral verboten sind, in der politischen Ethik erlaubt seien.

Der *Moral im klassischen Sinn* ist nach *Becker* der sogenannte "moral point of view" eigen. "Dieser Standpunkt ist dadurch charakterisiert, daß das gemeinwohldienliche oder auch altruistische Verhalten im Ganzen von einer Verhaltensänderung der Individuen erwartet wird... Nach ihm sind die Menschen als einzelne, d.h. als Privatpersonen, verpflichtet, bestimmte moralische Normen eines kulturell, traditional oder national eingegrenzten Geltungsbereichs zu befolgen. Als herausragendes historisches Beispiel mag man sich an die Funktion der Zehn Gebote im Rahmen der Gesellschaft des biblischen Judentums halten."[152]

Bei der *politischen Ethik*, der zweiten Kategorie der Moral, sind nach *Becker*[153] wiederum zwei Versionen zu unterscheiden, und zwar die “funktionalistische Moral”, die Moral des Gesetzesgehorsams, und als zweite Version das “Ethos des politischen Handelns”. Zur “funktionalistischen Moral” gehören diejenigen moralischen Normen, die “jeden Einzelnen als Staatsbürger verpflichten und die weder Gesetzesinhalte sind, noch zu den normalen moralischen Normen gehören.”[154] Die zweite Version politischer Ethik, das “Ethos des politischen Handelns”, bezieht sich auf die “Verpflichtung von Personen, die im staatlichen Auftrag die Rechtssicherheit und die Stabilität der Verfassungsordnung zu gewährleisten haben. Es handelt sich um die Verpflichtung der Richter zu neutraler Rechtsprechung, um die Verpflichtung der Polizeiorgane, für die Rechtssicherheit mit den angemessenen Mitteln zu sorgen. Dazu gehört aber auch die Verpflichtung der Regierungen zu einer Innen- und Außenpolitik, welche den Bestand des Staates sicherstellt. Die Bereitschaft, den Staat mit militärischen Mitteln gegen Angreifer zu verteidigen, gehört seit eh und je zu dieser zweiten Version politischer Ethik.”[155] Also: der Problembereich der nuklearen Abschreckung gehört zur zweiten Version politischer Ethik, also zum Bereich des staatlichen Sanktionssystems. “Mit diesem ‘Ethos politischen Handelns’ sind nach der bisher allgemein anerkannten Gewohnheit auch Handlungen zu vereinbaren, die sowohl nach den Normen der üblichen Moral wie nach solchen des positiven Rechts verboten sind.”[156] Das Tötungsverbot wurde ja als Beispiel bereits genannt.

Dem *Pazifismus* macht W. *Becker* den Vorwurf, daß er das moralische und rechtliche Tötungsverbot zu einem Gebot der politischen Ethik mache. Vom Gebot der Feindesliebe heißt es im Inhaltsverzeichnis seines Buches: “... das Gebot der Feindesliebe läßt sich moralisch nicht rechtfertigen.”[157] An einer späteren Stelle heißt es dann dazu: “Die Beachtung des Gebots der Menschen- und Feindesliebe wird dazu führen, daß immer mehr Mitglieder der Gruppe A als Märtyrer sterben und daß es über die Ausrottung der Gruppe A zur Alleinexistenz der Gruppe B kommt. Mit anderen Worten: Das konsequente Befolgen des Menschen- und Feindesliebe-Gebots führt zunächst zur Stärkung, dann zur Alleinherrschaft von Prinzipien, die in ihrem Licht gerade als unmoralisch bezeichnet werden müssen. Ein Prinzip, dessen Befolgen die Unmoral stärkt, kann schwerlich als im eigentlichen Sinn moralisch betrachtet werden."[158] Ohne weitere Begründungen und Erläuterungen von W. *Becker* anzuführen, sei zu dem bisher Dargelegten aus unseren Themenzusammenhang heraus und für unserem Gesichtspunkt festgehalten: Diese Teilung und Auflösung der Einheit der moralischen Prinzipien und Normen sind nicht nur, gelinde gesagt, problematisch, sie treffen auch nicht zu, zumindest, was das Selbstverständnis christlicher Moral katholischer Prägung betrifft.

Die Teilung ist problematisch, weil damit die politische Ethik aus dem Verantwortungsbereich sonst allgemein gültiger moralischer Grundsätze entlassen zu werden droht, weil dadurch allzuleicht an die politische Ethik weniger strenge Maßstäbe angelegt zu werden drohen, also mit *zweierlei Maß* gemessen werden könnte, und weil damit jener vorwurfsvolle Spruch recht bekommen könnte, den ich irgendwo als Wandschmuck eines Teenagerzimmers gelesen habe und der da lautete: "Tötest Du einen, dann bist Du ein Mörder, tötest Du viele, dann bist Du ein Held." Die Teilung trifft aber auch nicht zu, zumindest aus der Perspektive des Selbstverständnisses der christlichen Moral katholischer Prägung nicht. Denn danach sind es oberste sittliche Prinzipien, die mit ihrem Verallgemeinerungscharakter für *alle* Lebensbereiche und Existenzebenen ihre Geltung besitzen, aber gemäß den unterschiedlichen Umständen und Geltungsbedingungen jeweils ihre *entsprechende Konkretisierung* finden. Das soll am Beispiel des bereits in der Bibel formulierten Tötungsverbots illustriert werden. Bei richtiger Deutung des biblischen Befunds ist dieses Tötungsverbot kein absolutes, sondern ein relatives, ist es besser als Mordverbot zu benennen.[159] Denn das im hebräischen Urtext des Alten Testaments bei Ex 20,13 und Dt 5,17 verwendete Wort "rasach" bedeutet ungesetzliches, gemeinschaftswidriges Töten, sodaß der Ausdruck "morden" dem ursprünglichen Sinn am nächsten zu kommen scheint und man formulieren muß: "Du sollst nicht morden!" Und dieses Mordverbot gilt, um gegen W. *Becker* zu sprechen, nicht nur für den Bereich der klassischen Moral, es gilt auch für den Bereich der politischen Ethik, es gilt auch für die Kriegsethik. Auch im Krieg ist nicht jedwedes Töten erlaubt, auch im

Krieg schweigt nicht die Moral, auch im Krieg ist die Gewaltanwendung moralisch - und im zunehmenden Maße auch völkerrechtlich - an Regeln gebunden. Daß es sich hiebei um keine Doppel- oder Sondermoral handelt, wird auch klar, wenn man sich auf die dem Mordverbot zugrundeliegenden Grundprinzipien besinnt, wie sie in der Tradition katholischer Moral reflektiert wurden. Hinter dem Mordverbot steht sachlich folgende Überlegung: Das oberste, auch rein vernunftmäßig einsichtbare sittliche Prinzip lautet: Tue das Gute, meide das Böse! In der beschränkten unvollkommenen irdischen Welt mit dem Faktum konkurrierender Güter und Werte erweist sich das zu tuende konkret Gute als das *relativ Bessere,* als das *geringere Übel* bzw. optimistischer formuliert: als das *geringer Unvollkommene.* Dem Mordverbot und der damit zusammenhängenden Notwehrerlaubnis liegt nun eine solche Gütervorzugsregel mit einer *Güterabwägung* zugrunde: Gewalt, besonders gegen Menschen, ist eindeutig ein Übel, das grundsätzlich zu vermeiden, und das menschliche Leben ein Gut, das bestmöglich zu schützen ist. Konkurrieren nun zwei menschliche Leben streng miteinander, dann ist es eindeutig im Sinne des geringeren Übels, wenn man dem unschuldigen Leben Vorrang gibt vor dem schuldigen, wobei unschuldig und schuldig hier nach dem lateinischen Wortsinn von "innocens" und "nocens" als "nicht Gefährdung bewirkend" und "Gefährdung bewirkend" zu verstehen sind. Daraus rechtfertigt sich das *Notwehrrecht,* das individuelle und das kollektive, mit der Inkaufnahme der zur Notwehr erforderlichen Gewaltanwendung, wobei im Sinne des geringeren Übels immer das Gebot der *Gewalt- und Übelminimierung* aufrecht bleibt, weshalb ja bei der Notwehr das mildere zum Ziel führende Mittel Vorrang hat vor dem radikaleren und weshalb im Sinne einer positiven Friedensstrategie durch Aufbau einer Gerechtigkeit und Freiheit verwirklichenden Welt der Gewalt der Nährboden zu entziehen ist. Daß das Mordverbot und das Prinzip des geringeren Übels mit dem Gebot der Gewalt- und Übelminimierung auch in der Kriegsethik gelten, zeigen die heute besonders streng zu fassenden Bedingungen und Auflagen, die für die gerechtfertigte Verteidigung und für die Abschreckung, besonders die atomare, gelten. Diese können hier nicht näher dargelegt und erläutert werden.[160] Nur zwei Prinzipien der gerechtfertigten Verteidigung seien in Erinnerung gerufen: das Prinzip der Verhältnismäßigkeit und das Gebot der Unterscheidung und entsprechend unterschiedlichen Behandlung von Kombattanten und Nichtkombattanten.

Man braucht also die Einheit von moralischen Prinzipien und Normen nicht aufzulösen und aufzugeben, um den Erfordernissen des menschlichen Lebens, auch im Atomzeitalter, gerecht zu werden. Gerade zur Lösung der Menschheitsprobleme im Nuklearzeitalter ist gegen W. *Becker* zu betonen, daß die Feindesliebe sich nicht nur moralisch rechtfertigen läßt, sondern daß es gerade zur Lösung der genannten Menschheitsprobleme sehr wohl der Mobilisierung der Kräfte der Menschen- und Feindesliebe dringend bedarf, soll sich nicht die tödliche Spirale des Hasses zu drehen beginnen bzw. weiterdrehen. Allerdings ist für das *richtige Verständnis* der Menschen- und Feindesliebe zu betonen: daß sie zu jenen radikalen Forderungen des Evangeliums zählt, die Zeichen der Ankunft des Reiches Gottes sind, das hier beginnt, hier aber nicht seine endgültige Vollendung finden wird; daß es zur Verwirklichung dieser Menschen- und Feindesliebe entsprechender Annäherungs- bzw. Stufenimperative bedarf; und daß sich die Menschen- und Feindesliebe gesinnungsmäßig zwar auf alle erstrecken kann und soll, daß sie aber in der Tat vor Wert- bzw. Güterkonkurrenzentscheidungen gestellt ist, die nach dem Prinzip des relativ Besseren bzw. des geringeren Übels bzw. geringer Unvollkommenen vorzunehmen sind.

Was den von W. *Becker* angesprochenen und bekämpften *Pazifismus* betrifft, so wird man ihm eher gerecht, wenn man die Unterscheidung zwischen *absolutem* und *relativem* Pazifismus vornimmt. Die absoluten bzw. radikalen Pazifisten halten jegliches Töten mit der Bibel und dem Christentum für unvereinbar. Die Mehrheit der Christen und die offizielle katholische Kirche haben sich bis heute nicht diesem absoluten Pazifismus angeschlossen, sondern vertreten aus guten Gründen die Position des relativen Pazifismus, d.h. sie verstehen das biblische Gewalt- und Tötungsverbot als Imperativ zur größtmöglichen Gewalt- und Tötungsminimierung, wonach das Übel der Gewaltanwendung als in Kauf zu nehmen gerechtfertigt

erscheint zur Verhinderung, Abwendung oder Beseitigung noch größerer Gewalt bzw. noch größerer Übel. Für diese Position des relativen Pazifismus lassen sich gute bibelbezogene Gründe anführen, die hier nicht weiter dargelegt werden können.[161]
Wir kehren nun zu der Anfangsaussage unseres Punktes 2 zurück. Dort hat es geheißen, daß eine wirklichkeitsgerechte, aber ihren Grundsätzen treu bleibende politische Ethik dem Anliegen der unterschiedlichen Ebenenkonkretisierung und dem sogenannten Gesetz der abnehmenden Treffsicherheit moralischer Prinzipien und Normen bei gegebener Einheit dieser Prinzipien und Normen Rechnung tragen muß. Was mit der unterschiedlichen Ebenenkonkretisierung gemeint ist, das ist aus der Kontroverse mit W. *Becker* klar geworden: Moralische Prinzipien müssen bei ihrer Anwendung auf die verschiedenen Lebensbereiche und Existenzebenen die *unterschiedlichen Umstände und Geltungsbedingungen,* den *unterschiedlichen Spielraum* auf der Suche nach dem relativ Besseren bzw. dem geringeren Übel, beachten. Was ist aber mit dem sogenannten *Gesetz der abnehmenden Treffsicherheit* moralischer Prinzipien und Normen gemeint? Dieses Gesetz will die Tatsache zum Ausdruck bringen, daß bei moralischen Prinzipien und Normen um so leichter *Eindeutigkeit* und *Übereinstimmung* zu erzielen sind, je *allgemeiner* sie sind, daß es aber um so eher zu Unterschieden kommen wird, je mehr und je näher solche Prinzipien und Normen konkretisiert werden.
Das Erfordernis einer individuell-konkretisierenden Anwendung moralischer Prinzipien auf die verschiedenen Lebensbereiche ist eine Notwendigkeit, die um einer menschengerechten Politik willen zu leisten ist, die aber keine leichte Aufgabe darstellt, weil dazu nicht nur viel Sachverstand und praktische Vernunft samt Gewissenhaftigkeit erforderlich sind, sondern auch viel Mut verlangt wird mit dem Risiko von Fehlentscheidungen, die sich ja in ihrer ganzen Tragweite erst im Spiegel der Geschichte herausstellen. Bei aller Einsamkeit solcher Entscheidungen und vielleicht gerade deshalb bedarf es nicht nur entsprechend fachlicher, sondern auch mitmenschlicher, kollegialer, ja brüderlicher bzw. geschwisterlicher *Begleitung* der in der Politik Tätigen und an ihren Schalthebeln Sitzenden.

Ein dritter Punkt: Eine der Wirklichkeit des politischen Lebens gerecht werdende und ihren Grundsätzen treu bleibende politische Ethik wird schließlich auch die Bedeutung der *Verantwortungsethik* für diesen Bereich des Lebens betonen und herausstellen müssen. Zu einer solchen Verantwortungsethik ist näherhin festzuhalten[162]:

1. Verantwortung hat dem Wortsinn nach mit *Antwort geben* zu tun. Ursprünglich war damit gemeint, daß man vor Gericht Antwort zu geben hatte auf eine Anklage. Im Anschluß an den Wortsinn des Antwortgebens kann man für eine politische Ethik der Verantwortung folgendes formulieren: Ethisch verantwortlich in der Politik handeln heißt einmal, in seinem politischen Leben und durch sein politisches Leben in *helfenden Taten* der Liebe und der Gerechtigkeit als deren Mindestmaß Antwort geben auf die verschiedensten Hilferufe der Menschen, besonders der Armen, Schwachen, Kranken und Unterdrückten, kurzum der Mühseligen und der Beladenen.
Weiters heißt in diesem Sinn ethisch verantwortlich handeln, der *Stimme seines Gewissens zu folgen,* ihr die Ja-Antwort zu geben, wenn sie antreibt und mahnt, das Gute zu tun und das Böse zu lassen. Eine Kultur des Gewissens samt der damit notwendigerweise verbundenen Information des Gewissens ist für die politische Ethik der Verantwortung, aber nicht nur hiefür, unendlich wichtig. Dem Wortsinn nach meint man ja oft mit Recht, *verantwortlich* sei gleich *gewissenhaft* und *verantwortungslos* sei gleich *gewissenlos.* Über das Gewissen ist ja oben bereits einiges ausgeführt worden.

Im Blick auf das Gewissen sei noch hinzugefügt: So sehr sich das Gewissen um Normen kümmern muß und auch um Autoritäten, so ist letztlich doch festzuhalten, daß das Gewissen durch keine noch so hohe menschliche Autorität zu ersetzen ist. Es bleibt die Stimme Gottes, wenn auch in menschlicher Gestalt und im menschlichen Kleid, und es bleibt die verbindliche Instanz für das menschliche Handeln. In der Treue oder Untreue zum Gewissen entscheidet sich, ob man sein Heil erreicht oder verwirkt. Keine Autorität darf das Gewissen ersetzen wollen.

Ethisch verantwortlich handeln heißt schließlich in diesem Kontext auch, aus der Einstellung und Motivation heraus zu handeln, einem letzten Richter gegenüber, nämlich Gott, *Rechenschaft abzulegen* über sein Leben, seine Gesinnung, seine Taten und seine Unterlassungen. Von diesem Hintergrund her sieht man, was Verantwortung zutiefst heißt: Antwort geben einem Höheren, nämlich Gott, der zu einem hohen Ziel ruft; damit verbunden ist der tiefere Sinn des Berufes, auch des Politikerberufes, letztlich als *Berufung,* als Nachfolge zu verstehen.

2. Verantwortung ist ein neues *Grundwort,* das im allgemeinen sittlichen Bewußtsein an die Stelle tritt, die bisher die *Pflicht* eingenommen hat. So wird mit Recht die persönliche Verantwortung betont gegenüber einer einseitigen Betonung der Gehorsamspflicht. Eine recht verstandene Ethik der Verantwortung will so gesehen auch einer Entmündigung der Menschen entgegenwirken.

Dennoch ist zu betonen: Verantwortung und Pflicht sind eigentlich keine Gegensätze, sondern die Pflicht bekommt ihre sittliche Rechtfertigung aus der Verantwortung heraus. Außerdem ist zu beachten, daß Rechte nur zur Geltung kommen, wenn es auch Pflichten gibt, d.h., wenn man ein den Rechten entsprechendes Tun als Pflicht begreift. Damit zusammenhängend ist weiters zu betonen: Verantwortung besagt nicht Normlosigkeit, vielmehr drückt sich in den richtigen Normen - und ihrer Einhaltung bzw. der Bereitschaft hiezu - die Verantwortung gegenüber den vielfältigen Ansprüchen verschiedener Menschen aus, gegenüber Ansprüchen, die alle zu einem *befriedigenden Ausgleich* gebracht werden wollen. Allerdings gelingt es auch den besten Normen nicht, alle Menschen und vor allem alle Situationen zu berücksichtigen und allen Fällen gerecht zu werden. Gerade in einer dynamischen Gesellschaft mit dem rasanten wissenschaftlichen, technischen, wirtschaftlichen, sozialen und politischen Wandel bleiben Normen vielfach hinter solchen Entwicklungen zurück. Nukleartechnik und Gentechnik mögen als Stichworte genügen. Auf solch neuen Bereichen und Feldern muß sich die persönliche Verantwortung der Handelnden dahingehend bewähren, daß der Sinn der diesbezüglichen traditionellen Prinzipien und Normen auf *neue Situationen* hin ausgelegt und angewendet wird.

3. Verantwortung hat wesentlich die *Freiheit* zur Voraussetzung. Ohne Freiheit keine Verantwortung. Das bedeutet Würde und Last zugleich. Daraus folgt:

a. *Mißbrauchsmöglichkeiten* der Freiheit an sich sind noch kein Grund, dem Menschen die Freiheit und die Verantwortung zu nehmen und ihn damit zu entmündigen. Man nimmt ihm dann auch seine Würde.

b. Freiheit und Verantwortung sind vor allem als Freiheit *zu* etwas Positivem hin zu sehen und beinhalten auch die Bereitschaft, seine eigene Freiheit in den Dienst der anderen zu stellen und sich damit zu binden.

c. Verantwortung muß *zumutbar* sein. Zu etwas Unmöglichem kann niemand verpflichtet sein. Man kann nicht für Dinge verantwortlich gemacht werden, die man überhaupt nicht beeinflussen kann. Damit zusammenhängend ist festzuhalten: Die letzte Verantwortung für diese Welt trägt nicht der Mensch, sondern Gott. Der Mensch darf allerdings die Verantwortung nicht dort Gott zuschieben, wo ihn Gott zur Mitverantwortung befähigt hat. Man ist also verantwortlich für seine Talente!

In diesem Zusammenhang ist mit H. *Schneider* an die uralte christliche Lehre zu erinnern, daß sich in der politischen Verantwortung der Mensch leicht überfordert fühlt. H. *Schneider* schreibt dazu: "... die Aufgabe des politisch Verantwortlichen kann vom Menschen, nach alter christlicher Auffassung, eigentlich nur mit höherem Beistand übernommen und erfüllt werden. Das ist der Sinn der Krönung oder der Salbung: die Gewährleistung jener Amtsgnade, ohne die 'Herrschaft' von Menschen über Menschen heillos bleiben muß".[163] Daß hier auch Mißbrauch möglich ist, ändert nichts an dieser tatsächlichen Gegebenheit.

4. Mit dem eben berührten Gleichnis von den Talenten ist eine zentrale Frage der Ethik der Verantwortung angesprochen, nämlich die, *wofür* man verantwortlich ist.

Als Grundsatz wird man festhalten dürfen: Der seiner Vernunft und seiner Freiheit fähige Mensch ist im Ausmaß seiner Vernunftfähigkeit und seiner Freiheit für alle seine begangenen guten und bösen Taten, aber auch für die unterlassenen, aber möglichen und zumutbaren guten Taten verantwortlich. Näherhin ist man für alle voraussehbaren Folgen der Taten bzw. Unterlassungen verantwortlich.

Ein mitunter nicht geringes persönliches Problem entsteht nun dadurch, daß man sich faktisch nicht für die *voraussehbaren* Folgen, sondern für die *tatsächlich eingetretenen* verantwortlich fühlt. Es drücken einen eben die tatsächlich eingetretenen negativen Folgen. Und man wird gerade auch in der Politik wegen dieser negativen Folgen zur Verantwortung gezogen, abgesehen davon, daß die Sieger nicht im gleichen Maße zur Verantwortung gezogen werden wie die Verlierer. In der Diskussion über die Vergangenheitsbewältigung etwa sind Aspekte dieses Problems sichtbar geworden.
Verantwortung beinhaltet also den *Mut* und das *Risiko*, in einem gewissen Sinn "schuldig zu werden", denn manches kann schiefgehen und geht tatsächlich auch schief. Und am Abend ist man jeweils gescheiter als in der Früh. Die Lösung des Problems liegt nun nicht darin, daß man nichts riskiert und sozusagen seine Talente und Chancen vergräbt, wie der im Evangelium, der aus Angst heraus seine Talente vergraben hat und dafür gescholten wurde. Eines darf man sich in solchen Fällen als Trost sagen: Wenn man seine Talente genützt und sich prinzipiell um das Gute bemüht hat, dann darf man trotz mancher Unvollkommenheiten und Fehler mit der Liebe und Barmherzigkeit Gottes rechnen.

Im Zusammenhang mit der Verantwortung für die Folgen ist bei der Ethik der Verantwortung auch an M. *Weber* und H. *Jonas* zu erinnern. Seit M. *Weber* ist in einem gewissen Gegensatz von *Gesinnungsethik* und *Verantwortungsethik* die Rede. Max *Weber* sagt dazu wörtlich:

"Aber auch auf dem Gebiet des persönlichen Handelns gibt es ganz spezifisch ethische Grundprobleme, welche die Ethik aus eigenen Voraussetzungen nicht austragen kann. Dahin gehört vor allem die Grundfrage: ob der Eigenwert des ethischen Handelns - der 'reine Wille' oder die 'Gesinnung', pflegt man das auszudrücken - allein zu seiner Rechtfertigung genügen soll, nach der Maxime: 'der Christ handelt recht und stellt seinen Erfolg Gott anheim', wie christliche Ethiker sie formuliert haben. Oder ob die Verantwortung für die als möglich oder wahrscheinlich vorauszusehenden *Folgen des Handelns,* wie sie dessen Verflochtenheit in die ethisch irrationale Welt bedingt, mit in Betracht zu ziehen ist".[164] Bei näherem Hinsehen kommt man darauf, daß diese beiden Typen von Ethik, nämlich Gesinnungs- und Verantwortungsethik, sinnvollerweise als *Akzentuierungen* und nicht so sehr als trennende Gegensätze zu betrachten sind. Denn reine Gesinnungsethik wäre keine Ethik, sowie auch reine Verantwortungsethik keine Ethik wäre, weil eine Verantwortung einer entsprechenden Gesinnung bedarf und weil eine richtige Gesinnung auch den Blick auf die Folgen zu richten hat. Für die politische Ethik ist eine gesinnungsmäßig fundierte Verantwortungsethik besonders wichtig. Bei richtiger Gesinnung bleibt die subjektive Rechtschaffenheit trotz negativer Folgen bestehen, trotz negativer Folgen, die man entweder nicht vorhergesehen hat oder nicht direkt gewollt, sondern aus entsprechenden Gründen nur in Kauf genommen hat.

Nun noch zu H. *Jonas*. Er hat unter anderem ein Buch geschrieben mit dem Titel: "Das Prinzip Verantwortung. Versuch einer Ethik für die technologische Zivilisation".[165] Zwei Gedanken seien von H. *Jonas* besonders hervorgehoben: einmal der Gedanke, daß es heutzutage nicht so wichtig ist, sich Gedanken zu machen über das höchste Gut, sondern daß es in erster Linie wichtig ist, sich Gedanken zu machen über das *höchste Übel*. D.h. also, daß ein Vorausdenken der Gefahr in Hinblick auf das höchste Übel notwendig ist angesichts der Tatsache, daß die Menschheit heute derart bedroht ist, daß alles Leben in dieser Welt gefährdet ist. Der zweite Gedanke, der von H. *Jonas* hervorgehoben werden soll, ist die *Fernverantwortung*.

Bisher hat man sich in der Ethik zu sehr um die Nahbereiche gekümmert, um ethische Imperative, welche den Nahbereichen Rechnung tragen konnten, wie *Jonas* meint. In der Welt, in der wir heute leben, mit ihrer Globalität, ist die Fernverantwortung, vor allem die Fernverantwortung für die Zukunft, viel wichtiger. Und so formuliert H. *Jonas* folgenden kategorischen Imperativ: "Handle so, daß die Wirkungen deiner Handlung verträglich sind mit der Permanenz echten menschlichen Lebens auf Erden."[166] Oder in einer anderen Version: "Handle so, daß die Folgen deines Tuns mit einem künftigen menschenwürdigen Dasein vereinbar sind, d.h. mit dem Anspruch der Menschheit, auf unbeschränkte Zeit zu überleben."[167]

5. Mit dem zuletzt Gesagten ist die Frage nach der *Wichtigkeit* und *Dringlichkeit* der Verantwortung berührt. Als Grundsatz ist festzuhalten: Die Wichtigkeit und die Dringlichkeit der Verantwortung richten sich nach der Wichtigkeit und der Dringlichkeit der auf dem Spiel stehenden Güter und Werte, die miteinander konkurrieren können. Eine Ethik der Verantwortung hat auch in der Politik vor allem der Personwürde des Menschen, sodann den mit diesem Zentralwert verbundenen weiteren Grundwerten gerecht zu werden.

6. Ethisch verantwortbare Entscheidungen sind nur bei *hinreichender Information, Informationsverarbeitung* und *Informationsüberprüfung* möglich. Schon aus diesem Grund, aber nicht nur hieraus, ist zu viel Macht in einer Hand ethisch verantwortlich nicht auszuüben und die Forderung nach subsidiärer Teilung von Macht und Verantwortung zu stellen. Das *Subsidiaritätsprinzip* stellt hier ein vertikales Macht- und Gewaltenteilungsprinzip zur Sicherung der Freiheit und ihrer schöpferischen Möglichkeiten gegenüber den vielfachen Gefahren des Macht- und Gewaltmißbrauchs dar. Es soll daher in seiner klassischen Formulierung bei *Pius XI.* und seiner Enzyklika "Quadragesimo anno" in Erinnerung gerufen werden. Es lautet danach: " ... so muß doch allzeit unverrückbar jener höchst gewichtige sozialphilosophische Grundsatz festgehalten werden, an dem nicht zu rütteln noch zu deuteln ist: wie dasjenige, was der Ein-

zelmensch aus eigener Initiative und mit seinen eigenen Kräften leisten kann, ihm nicht entzogen und der Gesellschaftstätigkeit zugewiesen werden darf, so verstößt es gegen die Gerechtigkeit, das, was die kleineren und untergeordneten Gemeinwesen leisten und zum guten Ende führen können, für die weitere übergeordnete Gemeinschaft in Anspruch zu nehmen; zugleich ist es überaus nachteilig und verwirrt die ganze Gesellschaftsordnung. Jedwede Gesellschaftstätigkeit ist ja ihrem Wesen nach subsidiär; sie soll die Glieder des Sozialkörpers unterstützen, darf sie aber niemals zerschlagen oder aufsaugen."[168]

7. Verantwortung tragen muß man *lernen,* indem man rechtzeitig Verantwortung übertragen bekommt, auch mit dem Risiko, Fehler zu machen.

8. Verantwortung tragen heißt *Einstehen für die Folgen.* Wir leben in einer Welt, in der man allzusehr und allzugern bereit ist, die Verantwortung auf andere abzuschieben, auf eine anonyme Gesellschaft oder auf sonstige anonyme Gebilde bzw. Größen. Zur Übernahme von Verantwortung gehört also Mut - und wir Christen bekommen diesen Mut im Blick auf Gott, der uns in *Jesus Christus* erschienen ist und der unser Bruder geworden ist, um uns auf dem Weg unseres Lebens und seiner Bereiche zu begleiten und zu stärken. Dabei darf der Christ auf die Fortführung dieser Begleitung Christi in und durch die Kirche hoffen. Denn der Mensch ist nach *Johannes Paul II.* "der *erste* und *grundlegende Weg der Kirche".*[169]

9. Politische Verantwortung ist also mehr als strafrechtliche Verantwortung. E. *Matzner* hat recht, wenn er sagt: "Wo kommen wir denn hin, wenn jedem, der nicht im Gefängnis sitzt, die moralische Qualifikation für jedes Amt der Republik zugesprochen wird."[170] Politische Verantwortung heißt auch, rechtzeitig die Konsequenzen des *Sesselräumens* zu ziehen. Dies wird aber auch aus strukturellen Gründen erschwert. Denn Politik ist heute oft nicht so sehr eine Frage der Berufung, sondern ganz einfach eine Frage des Berufs. Sich auf dem heutigen schwierigen Parkett der Politik bewegen zu können, bedarf einer entsprechenden Ausbildung. Jahrelang in der Parteiar-

beit oder als Beamte auf dem politischen Feld Tätige können leichter in der Politik Fuß fassen. Die Prozentsätze der Berufspolitiker in dem Sinne, daß sie keinen anderen Beruf als den des Politikers haben, der politischen Beamten, der Partei- oder Verbändeangestellten wird immer größer. Dazu kommt dann die weitgehende Beschlagnahme durch die politische Arbeit, die, wenn der Politiker schon einen anderen Beurf ausübte, es ihm weitgehend unmöglich macht, sich weiterhin im Beruf auf dem laufenden zu halten, die notwendigen Qualifikationen, die in dem sich heute sehr rasch entwickelnden Berufsleben dauernd neu erworben werden müssen, zu erwerben und sich dem Beruf nicht zu entfremden. So ist ein Großteil der Politiker auf ihren Politikerposten festgelegt. Ein Ausstieg aus dem Politikerleben würde in sehr vielen Fällen einen Abstieg in der beruflichen Laufbahn oder gar einen mit viel Schwierigkeiten verbundenen Neuanfang bedingen.

Viele der Politiker haben entweder nichts anderes gelernt als Politiker, oder sie haben in der Zeit ihrer Politikertätigkeit andere Tätigkeiten verlernt; daraus wird es erklärbar, daß sie auch auf Kosten der Moral ihren Posten zu behalten trachten, bedeutet er für sie doch auf den ersten Blick die einzige Möglichkeit der Existenzerhaltung. Dazu kommt noch, daß die Nutznießer des Sesselklebens durch den bisherigen Politiker diesem das Bleiben einflüstern und es in der Öffentlichkeit fordern.

III. Abschließende Bemerkungen

1. Zehn Gebote zur Politik

Bei der Skizzierung und Diskussion von zehn Spannungsfeldern zwischen Politik und Moral wurde versucht, aus der Analyse der politischen Wirklichkeit und aus ethischer Reflexion heraus Orientierungen für eine menschengerechte und menschenwürdige Politik zu artikulieren. Man könnte daraus auch *Gebote* formulieren, welche die Zahl zehn sicherlich übersteigen würden. Es soll nun hier versucht werden, in bezug auf die zehn Spannungsfelder zehn Gebote zu formulieren, die keineswegs den Anspruch erheben, für zehn Spannungsfelder und die daraus folgenden Orientierungen repräsentativ zu sein, die aber besonders erwähnenswert zu sein scheinen:

1. Gebot: Vereine das Eigeninteresse mit dem Gemeinwohlinteresse!

2. Gebot: Strebe nach Macht, stelle sie aber in den Dienst der Gerechtigkeit und der Liebe!

3. Gebot: Suche den Erfolg, verrate aber dabei nicht dein Gewissen!

4. Gebot: Sieh im Gegner und Feind eine(n) mögliche(n) Bruder (Schwester) und Freund!

5. Gebot: Widerstehe der Grenzmoral nach unten und vergiß nicht die Möglichkeit einer Grenzmoral nach oben!

6. Gebot: Bleibe bei Reden und Versprechungen der Wahrheit treu!

7. Gebot: Sei als Politiker medienfreundlich, aber nicht medienhörig, als Journalist medienverantwortlich, als Konsument medienkritisch!

8. Gebot: Sei grundsatztreu, aber nicht grundsatzstarr!

9. Gebot: Strebe materielle Güter so an, daß du dabei immaterielle Werte nicht verletzt, sondern begünstigst!

10.Gebot: Folge auch in der Wirklichkeit des politischen Lebens positiven Grundsätzen, die deinem politischen Wirken Sinn und Ziel geben!

2. Schluß

Die in diesem Buch ausgeführten Überlegungen können und wollen *nicht* eine *umfassende* politische Ethik darstellen. Für eine solche müßte man wichtige politische Problemfelder näher diskutieren, so etwa die Demokratiereform, das Parteiensystem, das parlamentarische System, die Wichtigkeit politischer Tugenden, das Verhältnis von Recht und Sittlichkeit und aus der Sicht christlicher Ethik auch das Thema: Christ und Politik bzw. Kirche und Politik, wobei beim letzten Thema auch die innerkirchliche politische Moral ein besonders brisantes Thema wäre. Im vorgegebenen Rahmen konnten nur Anstöße und Bemerkungen zu einer politischen Ethik gegeben werden. Dazu nun noch eine letzte Bemerkung.

Alle Klagen über den Verfall der politischen Kultur und alle ethischen Postulate an die Politik nützen wenig, wenn es nicht genügend Menschen gibt, welche die Forderungen der politischen Ethik aus Überzeugung *zu leben bereit* sind. Angesichts des Schlamassels in der Politik kommt man immer wieder zur Einsicht, daß auch in der Politik die eigentlich knappen Güter der Menschheit nicht die materiellen Güter sind, sondern die sittlichen Kräfte der Menschen. Um solche Kräfte zu fördern, bedarf es möglichst vieler charismatisch begabter, ja prophetischer Menschen, die in gewissenhafter Verantwortung als Konsumenten und Produzenten der Politik, als einfache Bürger und als Funktionäre ihren Dienst an der rechten Ordnung leisten, bevor die Narren und die Verführer ihr Geschäft machen. Möge für die Politik nicht gelten, was der 279 n. Chr. verstorbene Rabbi *Jochanan ben Nappacha* für die Zeit nach der Zerstörung des Tempels in Jerusalem sagte: "Seit den Tagen, da das Heiligtum zerstört wurde, ist die Prophetie den Propheten genommen und den Narren und Kindern gegeben."[171]

Anmerkungen

1 Die Presse, 20. März 1989, 4
2 Sternberger, Politik 14
3 Plechl, Freunde 1
4 ebenda 1
5 Pretterebner, Lucona
6 zit. n.: Khol/Ofner/Stirnemann (Hrsg.), Jahrbuch 890
7 zit. n.: Journal für Sozialforschung 25 (1985) 211
8 zit. n.: Journal für Sozialforschung 26 (1986) 343
9 zit. n.: Bericht zur Lage der Jugend 32
10 Piel, Im Geflecht 27
11 Jugendliche und Erwachsene '85, 124
12 ebenda 125
13 Freund, Politik 356
14 zit. n.: ebenda 356
15 Goethe, Werke 213
16 Bossle, Gewissen 31
17 Mantl, Korruption 195
18 siehe etwa Gablentz, Kampf
19 Messner, Politik 25
20 Klose, Lexikon 103
21 vgl. ebenda 103
22 Oertzen, Moral 31
23 Federalist Nr. 6, 54 zit. n.: Schambeck, Ethik 19
24 Horkheimer, Kritik 15
25 Gaudium et spes art. 74
26 ebenda art. 74
27 Nell-Breuning, Gerechtigkeit 34f
28 ebenda 35
29 ebenda 35
30 Mater et magistra art. 65
31 zu Bentham vgl. Wagner, Bentham bes. 756
32 Messner, Gemeinwohl 9
33 Zum und gegen den Vorwurf der Leerformelhaftigkeit des Gemeinwohlprinzips vgl. Zsifkovits, Gemeinwohl 858ff
34 vgl. Hardin, Tragedy; Bruckmann, Nisi vis bellum 69
35 Marx, Kritik 385
36 Nürnberger Beweisurkunden, zit. nach: Bullock, Hitler 699f
37 Weber, Politik 67
38 Nell-Breuning, Grundsätzliches 7
39 Weber, Wirtschaft 28
40 Acton, zit nach: Coudenhove, Vorwort 12
41 vgl. dazu Mayer-Maly, Überlegungen 503f
42 Popper, Theorie 54
43 Messner, Gemeinwohl, in: Klecatsky 328
44 Thomas von Aquin STh I-II, 2, 4
45 siehe Anm. 16
46 zit. n.: Schieder, Hermann Rauschnings "Gespräche..." 19
47 ebenda 3
48 Klose, Gewissen
49 vgl. dazu Messner, Gewissen 38
50 ebenda 38

51 Ratzinger, Kirche 156
52 ebenda 157
53 ebenda 157
54 ebenda 157
55 Noelle-Neumann, Schweigespirale 17
56 ebenda 18
57 Tocqueville, A. de, L'Ancien régime et la révolution, zit. n.: Noelle-Neumann, Schweigespirale 21
58 Etwa Asch, S. E., Group Forces in the Modification and Distortion of Judgements, 1952, dargestellt nach: Noelle-Neumann, Schweigespirale 60ff
59 Festinger, Theorie
60 dargestellt nach: Bruckmann, Nisi vis bellum 9f
61 Prisching, Politisierung bes. 278ff
62 Ratzinger, Kirche 162
63 ebenda 157
64 Grundgesetz 56
65 zit. nach: Ermacora (Hrsg.), Bundesverfassungsgesetze 83
66 Messner, Gewissen 35
67 Sutor, Ethik 372
68 zu Machiavelli vgl. Münkler, Machiavelli
69 Weber, Politik 58
70 ebenda 58
71 vgl. dazu Häring, Gesetz, Bd. 1, 328; Mausbach/Ermecke, Moraltheologie, Bd.1, 256f
72 Böckle, Fundamentalmoral 306
73 ebenda 315
74 ebenda 308
75 ebenda 308 Anm. 8
76 ebenda 311f
77 vgl. zu dieser Diskussion ebenda 312ff
78 Ginters, Werte 196ff
79 Coser, Theorie 127
80 z.B. Sherif, Group Conflict
81 Schmitt, Begriff 26
82 vgl. dazu Czempiel, Friedensbegriff 133f
83 z.B. Briefs, Zum Problem und Ders., Grenzmoral
84 z.B. Briefs, Zum Problem 51
85 Schöllgen, Grenzmoral 1016
86 Schöllgen, Grenzmoral in: LThk 1221
87 Briefs, zit. nach: Schöllgen, Grenzmoral 1017
88 Schöllgen, Grenzmoral 1016
89 siehe Anm. 9
90 Hörmann, Lüge 1011
91 ebenda 1011
92 vgl. Metzinger, Falschaussage
93 Tischner, Lüge 39
94 vgl. dazu Hättich, Staatsinfarkt 327f
95 zum Begriff "Rausch der reinen Werte" vgl. Höhler, Kinder 151ff
96 Hörmann, Lüge 1004
97 Hörmann, Wahrhaftigkeit 1694
98 ebenda 1693
99 vgl. ebenda 1694
100 zit. n.: Nell-Breuning, Grundsätzliches 9
101 vgl. dazu Schneider, Moral 4

102 Mater et magistra art. 219
103 vgl. dazu: In Politik herrscht "Totschlagprinzip" 1
104 Zur Zweidrittelgesellschaft vgl. Natter/ Riedlsperger (Hrsg.), Zweidrittelgesellschaft
105 Isensee, Mehrheitswille 128
106 ebenda 128
107 Zum folgenden vgl. Politicum Nr. 22 mit dem Titel "Sprache und Politik". Hier bes. die Beiträge von K. Weinke, R. Kamitz, K. Wimmer, W. Bergsdorf und R. Muhr; vgl. ferner auch: Fill, Wörter; Bergsdorf (Hrsg.), Wörter; Kaltenbrunner (Hrsg.), Sprache
108 Rassem, Mit den Zuhörern I
109 ebenda I
110 So die Formulierung der Tageszeitung "Die Presse" im Bericht "Der Junge Mann" 4; vgl. auch Gruber, Der Jörg 12
111 Gruber (Hrsg.), Der Kleine Mann
112 Weinke, Mißbrauch 40
113 Salamun, Ideologische Aspekte 29
114 Salamun, Ideologie 63
115 ebenda 63
116 ebenda 63f
117 Muhr, Thesen 16
118 Weinke, Politik 3
119 Machiavelli, Fürst 71
120 zum Folgenden vgl. Neuhold, Gedanken 9f
121 vgl. dazu auch Postman, Wir amüsieren
122 vgl. dazu Gottschlich, Informationsgesellschaft bes. 15f
123 vgl. dazu Yvon, Pressestunde, 116f
124 Marcic, Publizist 369ff
125 siehe Anm. 43
126 Uekermann, Ohnmacht 149
127 vgl. Karmasin, Gewicht 161f
128 Gaudium et spes art. 12
129 Marx, Kritik 385
130 zit. n.: Pulte (Hrsg.), Menschenrechte 61
131 so z.B. Rerum novarum art. 6, Quadragesimo anno art. 49
132 Mater et magistra art. 219
133 Messner, Gewissen 45
134 Verfassung (Grundgesetz) der Union der Sozialistischen Sowjetrepubliken vom 7. Oktober 1977 (Auszug), in: Heidelmeyer (Hrsg.), Menschenrechte 160-172, 169
135 Marko, Menschenrechte 44
136 Herzog, Friede 96
137 vgl. dazu Schneider, Moral 7f
138 vgl. dazu Rhonheimer, Leben
139 vgl. dazu Salamun, Ideologie 44-66
140 zit. n.: Höchtl, Moral 70
141 Messner, Gewissen 45
142 Pelinka, Politik 84f
143 Schmölz, Werteabbau 185
144 Messner, Kulturethik 343
145 vgl. Zsifkovits, Grundwerte bes. 1057
146 Klose, Soziallehre 149f
147 Kant, Metaphysik 237
148 Weber, Wirtschaft 28

149 Messner, Naturrecht 918
150 vgl. dazu Zsifkovits, Ethik 41
151 vgl. dazu Becker, Streit und Ders., Abschreckung
152 Becker, Abschreckung 3
153 ebenda 4
154 ebenda 4
155 ebenda 4f
156 ebenda 6
157 Becker, Streit 9
158 ebenda 101
159 vgl. dazu Zsifkovits, Ethik 39
160 vgl. dazu ebenda bes. 60-73
161 vgl. dazu ebenda 38-43
162 zum Folgenden vgl. Molinski, Verantwortung; Dembowski, Verantwortung; Hörmann, Verantwortung; Korff, Wie kann der Mensch glücken 303ff und 309ff; Schwartländer, Verantwortung; Rendtorff, Verantwortung; Ders., Ethik 73f
163 Schneider, Moral 3
164 Weber, Wertfreiheit 505
165 Jonas, Verantwortung
166 ebenda 36
167 Jonas, Ethik 83
168 Quadragesimo anno art. 79
169 Johannes Paul II., Würde 50 (Redemptor hominis Nr. 14)
170 Matzner, Korruptionsskandal 15
171 Rabbi Jochanan ben Nappacha zit. n. Dexinger, Propheten 411

Verwendete Literatur

Becker, W., Die nukleare *Abschreckung* als Problem der Ethik. Manuskript eines Vortrages, gehalten am 23. 10. 1985 in Graz auf Einladung der Kommission für Frieden- und Konfliktforschung

Ders., Der *Streit* um den Frieden, München 1984

Bergsdorf, W. (Hrsg.), *Wörter* als Waffen, Stuttgart 1979

Bericht zur Lage der Jugend in Österreich. Komprimierte Fassung, hrsg. v. Bundesministerium für Umwelt, Jugend und Familie, Wien 1987

Böckle, F., *Fundamentalmoral,* München[4] 1985

Bossle, L., Das *Gewissen* in der Politik, Osnabrück 1974

Briefs, G., *Zum Problem* der "Grenzmoral", in: Ders., Ausgewählte Werke, Bd.1, Berlin 1980, 51-61

Ders., *Grenzmoral* in der pluralistischen Gesellschaft, in: Ders., Ausgewählte Werke, Bd.1, Berlin 1980, 62-74

Bruckmann, G., *Nisi vis bellum,* para pacem!, in: Wiener Blätter zur Friedensforschung Nr. 9/10, Juni 1976, 4-15

Bullock, A., *Hitler.* Eine Studie über Tyrannei, Düsseldorf 1959

Coser, L., *Theorie* sozialer Konflikte, Neuwied 1965

Coudenhove, G., *Vorwort,* in: Lord Acton, Revolution oder Freiheit, Salzburg 1952, 7-13

Czempiel, E.-O., Der christliche und der politologische *Friedensbegriff,* in: Hollerbach, A./Maier, H. (Hrsg.), Christlicher Friede und Weltfriede, Paderborn 1971, 125-147

Dembowski, H., Verantwortung, verantworten, in: Schober, Th./Honecker, M./ Dahlhaus, H. (Hrsg.), Evangelisches Soziallexikon, Stuttgart[7] 1980, 1357-1359

Der junge Mann und die drei alten Parteien..., Sprachwissenschaftler studierten Haiders Aussagen, in: Die Presse, 23. Juli 1987, 4

Dexinger, F., Die *Propheten* des Alten Testaments und die heutige Priesterfrage, in: Wort und Wahrheit 26 (1971) 397-411

Ermacora, F. (Hrsg.), Österreichische *Bundesverfassungsgesetze,* Stuttgart[7] 1977

Festinger, L., *Theorie* der kognitiven Dissonanz, Bern 1978

Fill, A., *Wörter* zu Pflugscharen, Wien 1987

Freund, M., *Politik,* in: Beckerath, E. v. u. a. (Hrsg.), Handwörterbuch der Sozialwissenschaften. Bd. 8, Stuttgart 1964, 356-371

Gablentz, H. v. d., Der *Kampf* um die rechte Ordnung, Köln 1964

Ginters, R., *Werte* und Normen, Düsseldorf 1982

Goethe, J. W. v., Poetische *Werke.* Dramatische Dichtungen IV: Faust, Berlin[2] 1973

Gottschlich, M., *Politik* und Massenkommunikation, Wien 1986

Ders., Die *Informationsgesellschaft* als politische und moralische Herausforderung, in: Ders. (Hrsg.), Politik 9-16

Gruber, H., *"Der Jörg,* der traut sich was." Überlegungen zur Sprache Jörg Haiders, in: Grazer Journal Nr. 5, November 1987, 12

Ders. (Hrsg.), *Der kleine Mann* und die alten Parteien. Sozio- und textlinguistische Untersuchungen zur Sprache Jörg Haiders, Wien 1987

Grundgesetz der Bundesrepublik Deutschland und Nebengesetze, Stuttgart 1978

Häring, B., Das *Gesetz* Christi, Bd. 1, München[8] 1967

Hättich, M., Droht der *Staatsinfarkt?* Ein Gespräch mit Professor Manfred Hättich, in: Herder Korrespondenz 42 (1988) 324-329

Hardin, G., The *Tragedy* of the Commons, in: Science 162 (1968) 1243-1248

Heidelmeyer, W. (Hrsg.), Die *Menschenrechte.* Erklärungen, Verfassungsartikel, Internationale Abkommen, Paderborn[3] 1982

Herzog, R., *Friede* und Menschenrechte, in: Wilkens, E. (Hrsg.), Christliche Ethik und Sicherheitspolitik, Frankfurt/M. 1982, 89-99

Höchtl, J., Politische *Moral* in Österreich - empirische Befunde und persönliche Bekenntnisse, in: Ders./Windhager, F. (Hrsg.), Politische Moral, Wien 1981, 35-78

Höhler, G., Die *Kinder* der Freiheit, Stuttgart 1983

Hörmann, K., *Lüge* in: Ders. (Hrsg.), Lexikon der christlichen Moral, Innsbruck[2] 1976, 1003-1012

Ders., *Verantwortung,* in: Ders. (Hrsg.), Lexikon der christlichen Moral 1641-1644

Ders., *Wahrhaftigkeit,* in: Ders. (Hrsg.), Lexikon der christlichen Moral 1693-1699

Horkheimer, M., Zur *Kritik* der instrumentellen Vernunft, Frankfurt/M. 1974

In Politik herrscht "Totschlagprinzip" durch Mehrheitsbildung, in: Kathpress Nr. 146, 21. 7. 1988, 1

Isensee, J., *Mehrheitswille* und Minderheit im demokratischen Verfassungsstaat, in: Rauscher, A. (Hrsg.), Mehrheitsprinzip und Minderheitenrecht, Köln 1988, 109-133

Johannes Paul II., Die *Würde* des Menschen in Christus. Die Antrittsenzyklika "Redemptor hominis" Papst Johannes Paul II. mit einem Kommentar von B. Häring, Freiburg 1979

Jonas, H., Das Prinzip *Verantwortung,* Frankfurt/M. 1979

Ders., Warum wir heute eine *Ethik* der Selbstbeschränkung brauchen, in: Ströker, E. (Hrsg.), Ethik der Wissenschaften? Philosophische Fragen, München 1984, 75-86

Jugendliche und Erwachsene '85. Generationen im Vergleich. Bd. 1: Biografien, Orientierungsmuster, Perspektiven, Leverkusen 1985

Kaltenbrunner, E.-K. (Hrsg.), *Sprache* und Herrschaft, München 1975

Kant, I., Die *Metaphysik* der Sitten, in: Kants Werke. Akademie-Textausgabe, Bd. VI., Berlin 1968 (Nachdruck), 203-494

Karmasin, F., Das falsche *Gewicht?,* in: Gottschlich (Hrsg.), Politik 161-172

Khol, A./Ofner, G./Stirnemann, A. (Hrsg.), Österreichisches *Jahrbuch* für Politik '86, Wien 1987

Klose, A., Die Katholische *Soziallehre,* Graz 1979

Ders., Kleines *Lexikon* der Politik, Wien 1983

Ders., *Gewissen* in der Politik, Graz 1982

Ders./Mantl, W./Zsifkovits, V. (Hrsg.), Katholisches *Soziallexikon,* Graz[2] 1980

Korff, W., *Wie kann der Mensch glücken?,* München 1985

Machiavelli, N., Der Fürst, Stuttgart[4] 1972

Mantl, W., *Korruption* und Reform im österreichischen politischen System, in: Brünner, Ch. (Hrsg.), Korruption und Kontrolle, Wien 1981, 183-237

Marcic, R., Der *Publizist* in der Entscheidungssituation, in: Klose, A./Weiler, R. (Hrsg.), Menschen im Entscheidungsprozeß, Wien 1971, 349-373

Marko, J., *Menschenrechte* in Osteuropa, in: politicum. Josef-Krainer-Haus-Schriften Nr. 31, 7. Jg., Dezember 1986, 44-46

Marx, K., Zur *Kritik* der Hegelschen Rechtsphilosophie, in: Marx, K./Engels, F., Werke. Bd. 1, Berlin/Ost 1974, 378-391

Matzner, E., Vom *Korruptionsskandal* zur Staatskrise?, in: Zukunft, H. 9, September 1980, 13-15

Mausbach, J./Ermecke, G., Katholische *Moraltheologie,* Bd. 1, Münster/Wf[9] 1959

Mayer-Maly, Th., Grundsätzliche *Überlegungen* zur Wirksamkeit des Rechts bei der Bekämpfung von Korruption, in: Brünner, Ch. (Hrsg.), Korruption und Kontrolle, Wien 1981, 491-507

Messner, J., *Kulturethik* mit Grundlegung durch Prinzipienethik und Persönlichkeitsethik, Innsbruck[2] 1954

Ders., Das *Naturrecht*, Berlin[7] 1984
Ders., Das *Gemeinwohl*, Osnabrück[2] 1968
Ders., Das *Gemeinwohl* in unserer freiheitlich demokratischen Gesellschaft, in: *Klecatsky*, H. R. (Hrsg.), Die Republik Österreich, Wien 1968, 303-328
Ders., Das *Gewissen* als Instanz politischen Handelns, in: Ders., Ethik und Gesellschaft. Aufsätze 1965-1974, Köln 1975, 31-46
Ders., *Politik* - Weltanschauung - Ideologie, in: Gesellschaft und Politik 5 (1969) H. 4, 25-28
Metzinger, J., *Falschaussage* oder Lüge?, in: Zeitschrift für Katholische Theologie 94 (1972) 311-319
Molinski, W., *Verantwortung*, Verantwortlichkeit, in: Rahner, K. u. a. (Hrsg.), Sacramentum Mundi, Bd. 4, Freiburg/Br. 1969, 1152-1158
Münkler, H., *Machiavelli*, in: Staatslexikon, Bd. 3, Freiburg/Br.[7] 1987, 977f
Muhr, R., *Thesen* zur pragmalinguistischen Beschreibung von Sprache im politischen Kontext, in: politicum. Josef-Krainer-Haus-Schriften Nr. 22, 5. Jg., Dezember 1984, 15f
Natter, E./Riedlsperger, A. (Hrsg.), *Zweidrittelgesellschaft*, Wien 1988
Nell-Breuning, O.v., *Grundsätzliches* zur Politik, München 1975
Ders., *Gerechtigkeit* und Freiheit, Wien 1986
Noelle-Neumann, E., Die *Schweigespirale*, München 1980
Neuhold, L., *Gedanken* zu Christ und Politik, in: politicum. Josef-Krainer-Haus-Schriften Nr. 36, 8. Jg., November 1987, 9f
Oertzen, P. v., Politisierende *Moral* - moralisierende Politik?, in: Politisierende Moral - moralisierende Politik?. Ein Cappenberger Gespräch, Köln 1985, 31-52
Pelinka, A., *Politik* zwischen individueller und demokratischer Moral, in: Europäische Rundschau 9 (1981) H.1, 83-88
Piel, E., *Im Geflecht* der kleinen Netze, Zürich 1987
Plechl, P. M., Saubere *Freunde*, in: Die Presse, 16. Februar 1989, 1
politicum. Josef-Krainer-Haus-Schriften Nr. 22: Sprache und Politik, 5. Jg., Dezember 1984
Popper, K., Zur *Theorie* der Demokratie, in: Der Spiegel Nr. 32, 1987, 54f
Postman, N., *Wir amüsieren* uns zu Tode, Frankfurt/M.[4] 1985
Pretterebner, H., Der Fall *Lucona*, München 1989
Prisching, M. *Politisierung*, Sklerose und Politikcourage, in: Khol, A./Ofner, G./ Stirnemann, A. (Hrsg.), Österreichisches Jahrbuch für Politik 1986, Wien 1987, 269-281
Pulte, P. (Hrsg.), *Menschenrechte*. Texte internationaler Abkommen, Pakte und Konventionen, Leverkusen[2] 1976
Rassem, M., *Mit den Zuhörern* das öffentliche Wort verloren? Über die Krise unseres politischen Redens, in: Die Presse. Spectrum, 5./6. Juli 1986, If
Ratzinger, J., *Kirche*, Ökumene und Politik, Einsiedeln 1987
Rendtorff, T., *Ethik*, Bd. 1, Stuttgart 1980
Ders., *Verantwortung* für die Welt als Schöpfung Gottes, in: Hunold, G.W./Korff, W. (Hrsg.), Die Welt für morgen, München 1986, 20-30
Rhonheimer, D., Hilfloses gleich rechtloses *Leben?* Köln 1984 (Kirche und Gesellschaft Nr.106)
Salamun, K., *Ideologische Aspekte* von politischen Konflikten: Konfliktverschärfende Tendenzen von Ideologien, in: Zeitschrift für Wissenschaftsforschung. Sondernummer 1, Bd. 2, H. 4, November 1983, 21-33
Ders., *Ideologie* und Aufklärung, Wien 1988
Schambeck, H., *Ethik* und Staat, Berlin 1986
Schieder, Th., *Hermann Rauschnings "Gespräche* mit Hitler" als Geschichtsquelle, Opladen 1972

Schmitt, C., Der *Begriff* des Politischen (Text von 1932 mit einem Vorwort und drei Corollarien), Berlin 1963
Schmölz, F.-M., *Werteabbau* oder Werteumbau?, in: Merk, G./Schambeck, H./ Schmitz, W. (Hrsg.), Die soziale Funktion des Marktes. FS für A. Klose zum 60. Geburtstag, Berlin 1988, 183-189
Schneider, H., *Moral* im öffentlichen Leben, in: Katholische Aktion Österreichs (KAÖ) Mitteilungen Nr. 4, 29. Dezember 1982, 1-8
Schöllgen, W., *Grenzmoral,* in: Höfer, J./Rahner, K. (Hrsg.) Lexikon für Theologie und Kirche *(=LThK),* Bd. 4, Freiburg/Br.[2] 1960, 1221-1222
Ders., *Grenzmoral,* in: Staatslexikon, hrsg. v. d. Görres-Gesellschaft, Bd. 3, Freiburg/Br.[6] 1959, 1016-1019
Schwartländer, J., *Verantwortung,* in: Krings, H./Baumgartner, H. M./Wild, Ch. (Hrsg.), Handbuch philosophischer Grundbegriffe, Bd. 6, München 1974, 1577-1588
Sherif, M., *Group Conflict* and Co-operation, London 1966
Sternberger, D., Die *Politik* und der Friede, in: Gordan, P. (Hrsg.), Gerechtigkeit, Freiheit, Friede, Graz 1984, 11-21
Sutor, B., Politische *Ethik,* in: Mickel, W. M. (Hrsg.), Handlexikon zur Politikwissenchaft, München 1983, 369-373
Texte zur katholischen Soziallehre, hrsg. v. Bundesverband der Katholischen Arbeitnehmer-Bewegung Deutschlands, Kevelaer[5] 1982
Tischner, J., *Lüge* in der Politik, in: politicum. Josef-Krainer-Haus-Schriften Nr. 36, 8. Jg., November 1987, 39-42, 39
Uekermann, H. R., *Ohnmacht* oder Allmacht?, in: Gottschlich (Hrsg.), Politik 141-149
Wagner, F., *Bentham,* in: Beckerath, E. v. u. a. (Hrsg.), Handwörterbuch der Sozialwissenschaften, Göttingen 1956, 755-757
Weber, M., *Politik* als Beruf, Berlin[4] 1964
Ders., Der Sinn der *"Wertfreiheit"* der soziologischen und ökonomischen Wissenschaften (1917), in: Ders., Gesammelte Aufsätze zur Wissenschaftslehre, hrsg. v. J. Winckelmann, Tübingen[4] 1973, 489-540
Ders., *Wirtschaft* und Gesellschaft, Tübingen[5] 1976
Weinke, K., *Politik* und Ethik, in: politicum. Josef-Krainer-Haus-Schriften Nr. 24, o. J., 1-4
Ders., Über den *Mißbrauch* der Sprache in der Politik, in: politicum. Josef-Krainer-Haus-Schriften Nr. 22, 5. Jg., Dezember 1984, 40-42
Yvon, P., *Pressestellen* als Nahtstellen zwischen Politik und Medien, in: Gottschlich (Hrsg.), Politik 111-139
Zsifkovits, V., *Ethik* des Friedens, Linz 1987
Ders., *Gemeinwohl,* in: Klose/Mantl/Zsifkovits (Hrsg.), Katholisches Soziallexikon, 854-861
Ders., *Grundwerte,* in: Klose/Mantl/Zsifkovits (Hrsg.), Katholisches Soziallexikon 1056-1063

Weiterführende Literatur

Arendt, H., Wahrheit und Lüge in der Politik, München 1972
Ash, W., Morals and Politics, London 1977
Buchheim, H./Raabe, F. (Hrsg.),Christliche Botschaft und Politik, Paderborn 1988
Büchele, H., Politik wider die Lüge, Wien 1982
Fleck, Ch./Kuzmics, H. (Hrsg.), Korruption, Königstein/Ts. 1985
Foerster, F. W., Politische Ethik, New York[4] 1956
Furger, F., Weltgestaltung aus Glauben, Münster 1989
Gladigow, B.(Hrsg.), Religion und Moral, Düsseldorf 1976
Hennis, W., Politik und praktische Philosophie, Stuttgart 1977
Kiener, F., Das Wort als Waffe, Göttingen 1983
Lay, R., Ethik für Wirtschaft und Politik, München 1983
Mantl, W., Repräsentation und Identität, Wien 1975
Matzner, E., Der Wohlfahrtsstaat von morgen, Wien 1982
Müller-Schmid, P. P., Der rationale Weg zur politischen Ethik, Stuttgart-Degerloch 1972
Nell-Breuning, O. v., Unsere Verantwortung, Freiburg/Br. 1987
Neudeck, R., Die politische Ethik bei Jean-Paul Sartre und Albert Camus, Bonn 1975
Neumann, F. (Hrsg.), Politische Ethik, Baden-Baden 1985
Oberndörfer, D./Schmitt, K. (Hrsg.), Kirche und Demokratie, Paderborn 1983
Pfürtner, St.H., Politik und Gewissen - Gewissen und Politik, Zürich 1976
Ders. u.a., Ethik in der europäischen Geschichte, Bd. I u. II., Stuttgart 1988
Rauscher, A. (Hrsg.), Christ und Politik, Köln 1989
Reding, M., Politische Ethik, Freiburg 1972
Rendtorff, T., Politische Ethik und Christentum, München 1978
Rohrmoser, G., Krise der politischen Kultur, Mainz 1983
Russell, B., Moral und Politik, München 1972
Schmölz, F. M., Zerstörung und Rekonstruktion der politischen Ethik, München 1963
Ders., Chance und Dilemma der politischen Ethik, Köln 1966
Streithofen, H. B., Macht und Moral, Stuttgart 1979
Utz, A. F., Ethik und Politik, Stuttgart-Degerloch 1970
Ders., Sozialethik. III. Teil: Die soziale Ordnung, Bonn 1986
Voss, R. v. (Hrsg.), Ethik und Politik, Köln 1980
Weiler, R., Internationale Ethik. Bd. I, Berlin 1986
Wendland, H.-D., Politik und Ethik, Darmstadt 1969

Personenregister

Sachregister

Karl Lenz
Jugendliche heute

160 Seiten
ISBN 3-85329-735-8

Wie leben die Jugendlichen heute? Wie gestalten sie ihren Alltag? Welche Zukunftspläne haben sie? - Fragen von hoher und dauerhafter Aktualität. Das vorliegende Buch versucht darauf Antwort zu geben, indem es überschaubar und allgemein verständlich neuere Ergebnisse der Jugendforschung darstellt.

Hans-Georg-Heinrich/
Alfred Klose/
Eduard Ploier (Hg.)
Politische Kultur in Österreich

192 Seiten
ISBN 3-85329-774-9

Die Beiträge beinhalten wertvolle Überlegungen, das politische System unseres Staates durch neue Entwicklungen und Chancen zu bereichern, die Stabilität zu festigen und die Mitwirkung der Staatsbürger am politischen Entscheidungsprozeß zu verbessern.